JN055456

元気な町内会の
つくり方

10の処方箋と80の実践事例

松下啓一

はじめに

本書を書こうと思った理由・オルソン問題を契機に

オルソンって誰

　ある町内会の研修会で、「オルソン問題」の話をしたら、参加者は一様に怪訝な顔をした。「おる、損」と聞こえたのだろうか。私は慌ててオルソンの説明を始めることにした。

　オルソンは人の名前で、マンサー・オルソン（Mancur Olson）という。アメリカの経済学者で、みんなで集まって行う公共活動（集合行為）では、それにただ乗りする人（フリーライダー）が出てきて、それは避けては通れないと指摘した人である。

不満が高じたときに集合行為（公共活動）を行う？

　それまでは、集合行為は自分の希望や期待通りにならずに、不平、不満が高じたときに起こるものと考えられていた。やや専門的に言えば、充足水準と欲求水準とが乖離したときに起こるとされていた。これを相対的剥奪論という。相対的、つまり他人と比べて自分が損していると感じたとき、みんなで力を合わせて、課題解決のための行動をとるという考え方である。

フリーライダー（ただ乗り）は合理的選択

　それに対してオルソンは、みんなで行動する集合的行為では、自分は参加せずに、他人に任せて、その成果だけを亨受するのが、「合理的な選択」だとした。何ともドライな考え方であるが、それゆえ、ただ乗り（フリーライダー）は避けられないと言っている。つまり不平や不満だけで

は、合理的な個人は集合行為を行わないので、ただ乗り（フリーライダー）を乗り越えるアイディアや方法を考える必要があるということである。

人任せにした経験は誰にでもあるだろう・よくあるまちの風景

「人任せにして、おいしいところだけ享受する」というのが、人としての合理的行動であるというのは、たしかにそうかもしれない。あまりに率直すぎるが、実際は誰でも体験していることだろう。

朝、通勤を急ぐ駅までの歩道に、昨日の風によって落ち葉が散らばっている。それを黙々と片付けている人がいる。ありがたいと思う。でも、自分は急いで会社に行かなければならない。「ごくろうさま」と声をかけて、通り過ぎていった。

夜、遅く帰ってくると、懐中電灯を持った集団がぞろぞろ歩いてくる。地元有志による夜の見回りのようだ。人のよさそうなおじさん、おばさんたちなので、戦闘力はさほど高そうに見えないが、どろぼうの気持ちになってみると、こうした自衛意識の高いまちは、何か「やばそうな」感じがする。このまちで仕事をするのはやめて、別のまちでやろうと思う。

これも、ただ乗りと言えばただ乗りである。

まちは多くの人に支えられ、人任せにされる

事例で示したのは、清掃・美化、防犯であるが、それ以外でも、人が集まり行動することで、世の中をよくしようという集合行為はたくさんある。

防災、消防、交通安全、ごみ処理、リサイクル、公害、自然保護、高齢者支援、子育て支援、青少年育成、祭りやイベント、伝統芸能など数え上げたらきりがない。これらを総称して、「まちづくり」というが、ま

ちは多くの人によって支えられ、それだけ人任せにしているものは山ほどあるということである。

オルソン問題を越えて・どう解くのか

　オルソンが提起したフリーライダーに関する問題は、オルソン問題といわれ、まちづくりの世界では有名な指摘である。

　たしかに、自分は何もしないで、利益だけを得るのは合理的行動かもしれないし、実際、そういう事例は、先に見たとおり身の回りにたくさんある。

　だからと言って、公共のための集合行為が難しいからと嘆いているだけでは、どうにもならない。オルソンの言う通り、みな損得勘定で行動したら、落ち葉だらけのまちになり、どろぼうが盗みに入りやすいまちになってしまう。このオルソン問題をどう解くのか、みんなで知恵を絞り、地道に実践するのがまちづくり論である。

オルソン問題を越えよう・本書の秘かな展望

　オルソンは人は損得勘定で動くというけれども、しかし現実には公共のための集合行動はあちこちにある。町内会を担っている人たちはその例である。論理的には起きるはずのないことが起きているということである。

　これは「合理的行動とは何か」「損得とは何か」をめぐる深遠な問題で、一筋縄ではいかない問題である。しかし、これを解きほぐすことができなければ、住みよいまちはできないし、公共活動を盛んにできない。オルソンを越えようというのが、本書の秘かな展望である。

CONTENTS

第2章　がんばる町内会の処方箋・10の提案

CONTENTS

第 **1** 章

期待される町内会

1. 町内会への熱い期待

① 町内会は命を救う

さまざまな名称で呼ばれる町内会

　自治会・町内会は、全国で290,054存在し（2020年4月1日現在・総務省調べ）、名称も自治会、町内会・町会、区・区会、部落会などさまざまに呼ばれている（もっとも多いのが自治会であるが、本書では、なじみの多い「町内会」で統一する）。

　これだけ数があり、北は北海道から南は九州・沖縄まで存在する町内会の特徴を簡潔かつ余すことなく要約するのは難しいが、

①個人でなく世帯を単位として加入する
②その地区の全住民を構成員とする（その地区に居住すれば自動的に構成員となる）
③地域福祉や地域環境の整備など良好な地域社会の維持・形成に資する共同活動を行う
④事実上、行政の末端機能、代替機能を持つ組織である

「とんとん　とんからりと隣組」の歌を知っていますか

　この歌を聞いたことがあるだろうか。「とんとん　とんからりと隣組　格子を開ければ顔なじみ　廻して頂戴　回覧板　知らせられたり知らせたり」という軽やかな調子の歌である。「ドリフの大爆笑」オープニングテーマ曲と言えば、思い出す人も多いかもしれないが、その元歌が、これである。

　2番では「あれこれ面倒　味噌醤油　御飯の炊き方　垣根越し　教え

られたり教えたり」と隣近所で面倒を見合う様子が歌われ、3番では「地震やかみなり　火事どろぼう　互いに役立つ用心棒　助けられたり　助けたり」と近所の協力・連携が歌われている（私は子どものころ、隣近所での味噌醤油の貸し借りの経験がある）。

町内会は批判的に研究すべき対象

　学問研究の世界では、町内会は批判的に研究すべき対象だった。それは、かつて町内会は、戦争遂行の手段として使われた黒歴史があるからである。

　先の戦争中、国は戦時体制を強化するために、部落会町内会等整備要綱を通達して（1940年）、部落会や町内会を市町村長の支配下に置いた。この町内会の下には、10戸前後の家庭をひとつの班とする隣組がつくられた。

　この隣組を宣伝啓発するための歌が、この「とんとん　とんからりと隣組」である（初放送は1940年6月）。

　この地域の助け合いの組織が、のちに大政翼賛会の下部組織に移されて、配給物資の分配、空襲に対する防空訓練、さらには非国民活動の監視など、戦争目的の遂行という役割を担うことになった。地域の住民の日々の暮らしを支えるという本来の目的と離れて、町内会が国家行政の一環として組み込まれていったのである。

　こうした歴史もあって、政府・自治体と町内会の関係は、一線を画するもの、さらには否定的・消極的な位置関係に置かれてしまった。

町内会への財政支援は憲法違反？

　意外に思うかもしれないが、町内会への財政支援は、憲法違反であるという議論が根強くある。

　たしかに憲法第89条には、「公金その他の公の財産は…公の支配に属

しない慈善、教育若しくは博愛の事業に対し、これを支出し、又はその利用に供してはならない」と書かれている。こなれた日本語ではないので分かりにくいが、素直に読むと、公の支配に属さない活動（たとえば町内会活動）には、公金（税金）を出してはいけないということである。役所が町内会活動に関わって、そこに税金を出すと憲法違反のおそれがあることになる（実際に裁判にもなっている）。

奈良時代だって74年間ではないか

つまり、みんなのためになると思って行う町内会活動は、行政からの支援を受けることができない（冷たい扱いを受ける）というのが、わが憲法である。何か、がっかりしてしまう。

しかし、奈良時代だって、710年（和銅3）から784年（延暦3）までの74年間に過ぎない。もう戦後、80年近くたっている。たしかに問題があった歴史はあるが、時代は変わっている。いつまでも昔のままではないだろう。

大きな曲がり角となった東日本大震災

東日本大震災では、被災地の町内会は自らも被災者であったにもかかわらず、住民の避難誘導、救助や消火、避難所の運営等のさまざまな活動を行った。町内会を含む地域コミュニティの有無や活発度が、住民の生死を分ける場面が、あちこちで現出している。

消防庁は、『東日本大震災における自主防災組織の活動事例集』（消防庁国民保護・防災部防災課）をまとめているが、これを読むと、被災地のあちこちで町内会など地域コミュニティが活躍したことがよく分かる。

▶大震災における町内会の活躍：福住町町内会（仙台市）

　宮城県仙台市宮城野区にある福住町町内会では、大震災直後、いち早くマニュアルに沿って住民の安否確認や避難誘導を進め、避難所を開設している。

　安否確認では、地震で家の中が散乱していたため、当初予定していた名簿は用意できなかったが、日ごろの訓練を行っていたので名簿を覚えており、その結果、避難所へ向かう途中で安否確認を行い、避難所では集計だけで済んだという。

　「自分たちの町は自分たちで守る」「少なくとも72時間は行政に頼らない」ということが達成できたと高らかに報告されている。

参考に・自主防災組織へのアドバイス

　やや余計であるが、この事例集では、全国の自主防災組織へのアドバイスも書かれている。示唆に富むし、町内会の運営にも役立つので、参考に載せておこう。

■防災マニュアルは作成しているが、当然マニュアルの想定を超えるところが出てくる。そのような場合はマニュアルを打破して対応することが必要である

■災害が起きた際は、当然支援をするが、「自分たちで無理なことやできないことはしない」ということも大切である

■女性のリーダーを組織するべきである。避難所生活では、授乳や洗濯、トイレなど女性ならではの問題が必ず発生する。目配り・気配り・心配りができる優しい女性をリーダーとして組織するべきである

■人を救えるのは人しかいない。従って、常に訓練が必要である

■避難所運営を成功させるためには、リーダーが大事である。なるべく地域を熟知しており「空気が読める人」がリーダーとなるべきである

② 行政だけでは対応できない時代

公共の多様化と広がりで行政は追いつかない

　憲法第89条が前提とするのは、公と私を峻別し、政府は私的領域へは関与しないという考え方である（これを公私二分論という）。

　しかし、社会の成熟化とともに、公私二分論では課題解決しないケースが増えてきた。私的自治に任せるだけでは解決できない問題が増えてきたためで、これら課題にも何らかの公的関与が必要になってきた（これを新しい公共論という）。

①たとえば空き家問題であるが、不動産はもともと個人の所有権の問題で、私的自治が最大限尊重されるべきものである（所有権の絶対性）。家の管理も、本来なら公共関与とは最も遠いはずであるが、個人の私的努力では解決できない問題として、その解決のために行政、地域等による公共的関与が必要になってきた。

②高齢者・障がい者の移送サービスであるが、これは市場による供給だけでは困難なサービスであるため、公共的関与が求められるようになった。その関与方法の一つとして、住民みずからの集合的な行為によって、対応しているケースも生まれている。

　このように公と私の中間に位置する公共領域に属する課題がどんどんと増え、そのなかで地域の公共主体としての町内会が、改めて注目されるようになってきた。

空き家と町内会

　もう少し具体的に見てみよう。全国で空き家が深刻な問題になっているが、その対策は、おおむね次の3つの視点から取り組まれている。

①空き家化の予防　一度、空き家が発生するとその対策は困難になる。まずは空き家を発生させないことである。
②空き家の適正管理　空き家でも適切に管理されていれば問題ない。ただし、空き家の状態等に応じて、所有者等に対して助言・指導、勧告、命令などを行う。
③空き家の流通・利活用　空き家を資源として捉え、その流通や利活用を促進する。

　こうした空き家対策は、所有者や行政だけではできない。サポートする町内会の役割も重要である。町内会の活動には、次のようなものがある。

①予防では、相続時に備えた「元気なうちの空き家予防」等の啓発活動等がある。
②適正管理では、町内の空き家登録、未登録空き家の発見・連絡、また空き家の見守りなどを町内会が担っている。
③空き家の利活用では、コミュニティカフェの開設など空き家のコミュニティ・福祉活用があるが、それには町内会の協力が不可欠である。

▶空き家届出制度：本郷台自治会（横浜市栄区）
　空き家届出制度は、空き家の発生を把握するため、一定期間以上、空き家となる家屋が発生する場合に届出を求めるものである。届出の際には、空き家に関する問題点や関連する制度等について情報提供を行い、空き家の適正管理を促すとともに、当該家屋が管理不全となった際には、届出の内容をもとに、所有者への連絡を容易にする。
　横浜市本郷台自治会では、2003年から調査を開始しており、空き家にして引っ越しをする場合は、空き家届を提出してもらっている。

▶自治会による空き家見回りサービス：湘南桂台自治会（横浜市栄区）

　湘南桂台自治会では、転居する場合、自治会への退会届に転居先を記入してもらう等によって、迅速に連絡をとれるようにして、空き家が管理不全になるのを防ぐほか、通常の自治会費の半分の額を負担することで、自治会に空き家を定期的に見守ってもらうことができる。

財政面からも政府の手に負えなくなった

　日本は2008年に、歴史上最高の人口（1億2779万人）を記録したが、以後、急速に人口減少社会に転じている。女性が一生のうちに赤ちゃんを産む数、合計特殊出生率が1.3前後を推移すること（2.07ないと人口が減るとされている）が直接の原因である。

　このままでいくと、2055年には約8,900万人になると推定されている。ピーク時と比べると、約3,900万人の人口減少で、これは東京都、神奈川県、埼玉県、千葉県、茨城県を合わせた人口で、つまり首都圏から誰も人がいなくなってしまう勘定になる。

　この人口減少にあわせて、高齢化の進展も急激で、高齢化率40％にまでなるとされる。

　人口減少・少子高齢化の影響は、地方自治に関してだけでも、地域経済の停滞・不振、住民負担の増加、コミュニティ崩壊、余剰施設・遊休施設の発生といったマイナス課題のオンパレードになる。

　最も影響を受けるのが税収入で、最近の雇用形態（終身雇用制の崩壊、非正規職員の増加等）を考えあわせると、税収は人口減少を超える落ち込みになってしまうのではないか。

　他方、高齢化による社会保障のための経費は急増する。社会保障給付費に限っても、1965年の1.6兆円が、1990年には47.2兆円、2025年には140.6兆円、2040年には190兆円にもなると予想されている。

　もはや財政面からも、公共課題に対して行政だけでは対応はできなく

なっている。

政府広報・内閣府官房作成パンフレット『明日の安心　社会保障と税の一体改革を考える』から一部抽出

③ 町内会の再評価

日本は支え合いの国であった・アジアモンスーンから

　アジアモンスーン地域のはずれに位置する日本では、大量に降る雨を活かして稲作で暮らしを立ててきた。

　稲作には、大量の水が必要になるが、幸い、日本では1年間で平均1718mm、世界平均（880mm）の約2倍もの雨が降る。ただ、日本の河川は急峻なので、何もしなければ、せっかく降った雨が一気に海に流れ出してしまうことになる。

　そこで、自然に手を加え、灌漑することによって稲作を行ってきた。この水の利用と管理は飢餓と直結し、人々の生死と関係するから、水の管理やその配分は強い規範として構成員を制約することになる。その貴重な水を確保するために、村をあげての活動（水普請など）が求められる。

　こうした相互扶助、支え合いが、地域を支える社会資本（ソーシャル・キャピタル）となっている。米を作り始めて2000年にもなるので、知らず知らずのうちに、こうした相互協力、支え合いの文化が、私たちの体の中にDNAとして組み込まれてきたのではないか。

それゆえ、大津波が来て集落が孤立するような事態になると、この
DNAが呼び起され、みんなで食料を出し合い、励ましあうことができる
ようになるのではないだろうか。

コミュニティとは「つながり」である

　コミュニティは多義的な概念である。国民生活審議会総合企画部会報
告（2005年）のでは、コミュニティを

①自主性と責任を自覚した人々が、
②問題意識を共有するもの同士で自発的に結びつき、
③ニーズや課題に能動的に対応する人と人のつながりの総体
と定義している。

　コミュニティと言うと、町内会などの地縁型団体などの組織を思い浮
かべるが、自主性と責任を自覚したメンバーが共属意識を持ち、その価
値を実現するために協力して行動することによって、社会において強い
公共性を発揮することがコミュニティの要諦である。この共同意識や共
同行動のベースには、「つながり」という基礎的な人間結合があることが
重要である。

地域コミュニティをテーマ性で区分すると

　地域コミュニティは、①一定の区域に住所を有する者の地縁に基づい
て形成された地縁団体（町内会、婦人会、青年団、子ども会）と②地域
を基盤とするが、特定の目標など何らかの共通の属性及び仲間意識を持
ち、相互にコミュニケーションを行っているような団体（消防団、地区
防犯組織、まちづくり委員会、お祭り実行委員会）」に大別できる。

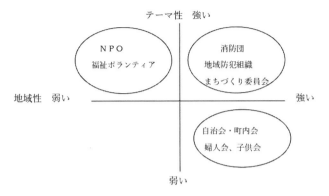

コミュニティの分類・筆者作成

つながりのデパート・町内会

　地域コミュニティのうち、町内会は、交通安全、防犯、非行防止・青少年育成、防火・防災、消費生活、資源回収、福祉、環境・美化、清掃・

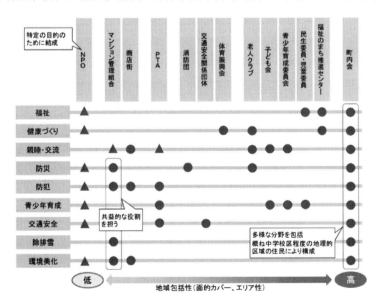

町内会の守備範囲・札幌市役所

衛生、生活改善等といった地域の住民の暮らしにまつわる事項全般を広くカバーする地域包括組織と言える。

4 令和の時代・町内会へのさらなる期待

孤立とは何か・社会的孤立の4要素

　社会的孤立について一律な定義はないが、厚生労働省は孤立を「社会とのつながりや助けのない又は少ない状態」としている。孤立は客観的な状態である。これに対して孤独は「ひとりぼっちと感じる精神的な状態を指し、寂しいことという感情を含めて用いられることがある」としている。孤独は主観的な概念である。

　社会的孤立には4つの要素がある。

①社会的交流の欠如。家族・友人等との行き来や会話がないことである。同居していない家族や友人たちと直接会って話すことが「全くない」人が11.2％、「月1回未満」の人が15.2％いる。

②社会参加の欠如。ボランティア活動やスポーツ・趣味等の活動等に参加してないことである。

③社会的サポートの受領欠如。行政や地域・NPO等からの支援を受けられていないことである。

④社会的サポートの提供欠如。他者への手助けをしていないこと。つまり自分を頼ってくれる人がいないことである。

　このうち、④の誰かに頼られていないことも孤立というのは興味深い。人は頼り、頼られる存在ということなのだろう。

一億総孤立化社会

　いじめ、引きこもり、ごみ屋敷、買い物難民、介護疲れ、自殺、孤立死などは、孤立に起因する、あるいは孤立につながる政策課題である。孤立は、人生のあらゆる場面において、誰にでも起こり得る。それゆえ孤立は社会的問題である。

　ライフステージ別にみても、児童・学生から社会人、主婦、高齢者まで、孤立に関わる課題を抱えている。まさに一億総孤立化社会である。

　とりわけ高齢者の孤立は深刻で、孤立に起因し、関連する課題がたくさんある。

①経済的困窮

　孤立者が経済的困窮に陥ると、支援を求める相手がいないために一層深刻な状況に陥る。

②生き甲斐や生きる意欲の低下

　社会的孤立によって、生きる意欲や自己肯定感の低下、生きがいや尊厳といった高齢者の内面にも深刻な影響をもたらす。

③主観的健康の低下

　孤立者は非孤立者よりも「健康状態がよくない」と回答する人の比率が高い。

④孤立死の増加

　23区内における一人暮らしの65歳以上の自宅での死亡者数は、2008年は2002年と比べ1.6倍に増加した（東京都監察医務院の公表データ）。

⑤高齢者の消費者被害

　高齢者の消費者被害を防ぐには、不安や悩みを話せ、ちょっとした相談ごとができる場や人間関係をつくることが重要である。

⑥高齢者による犯罪

　犯罪を繰り返す高齢者には孤立化の傾向が認められる。

国は地域に活路を見出す・地域共生社会の考え方

　このように対応すべき課題は、多様化し増加している。他方、行政は人的能力、財政面などからとても手が回らない。そこで政府は、地域に活路を見出すことになる。地域は縦割りではない総合性を持ち、子どもを大人にする揺籃機能、互いに支え合う相互互助機能を持っている。この地域を基盤に新たな仕組みを再構築しようというのが、地域共生社会の考え方である。ともかく、地域への期待はますます高まっている。

　地域を基盤に制度の再構築を行ったのが介護保険である。介護保険制度は、誰にでも幅広くサービスを保障する優れた仕組みである。その介護ニーズは毎年増加して、要介護者等は2018年度末で645.3万人となっている。2009年度（469.6万人）と比較すると175.6万人も増加している。

　同時に介護保険制度の総費用額も急増し、スタート時の2000年度は約3兆6000億円だったものが、2019年度には約11兆7000億円と、およそ3.3倍に膨らんでいる。介護保険費用は、高齢者、40歳から64歳の国民、事業者・雇用主が負担するが、もうこれ以上の保険料負担は限界だろう。

　また介護サービスを担う人材は、現行で約190万人の介護人材に対して、2025年には約245万人が必要となり、約55万人の不足が見込まれる。

　介護保険制度は、四面楚歌の状態であるが、介護保険制度を維持する

には、これまでの発想を改め、限られた財源と介護人材を真に専門的支援の必要な重度者に振り分け、軽度者の掃除や買い物支援などは、地域のボランティアなどによる相互互助による方式に舵を切った。

学校も地域に向かう・新学習指導要領

2006年12月改正の教育基本法では、「学校、家庭及び地域住民その他の関係者は、教育におけるそれぞれの役割と責任を自覚するとともに、相互の連携及び協力に努めるものとする」（第13条）として、教育における地域の役割と責任が明確にされた。

これを受け、教育振興基本計画（2008年7月閣議決定）では、「地域ぐるみで学校を支援し子どもたちをはぐくむ活動の推進」、「家庭・地域と一体になった学校の活性化」等、学校と地域の連携を推進していくこととしている。

新学習指導要領では、「学校がその目標を達成するため、地域や学校の実態等に応じ家庭や地域の人々の協力を得るなど、家庭や地域社会との連携を深めること」（総則）とされている。

つまり、「地域に開かれた信頼される学校づくり」や「地域全体で学校を支援する体制の構築」といった観点から、学校と地域の連携は推進されてきた。

部活も地域で担う？

最近では、公立中学校の運動部活動の指導も学校から地域に移行していくことになった。

休日の部活動等における生徒の指導や大会の引率は、学校の職務として教師が担うのではなく地域の活動として地域人材が担うというものである。この方針は、教職員の働き方改革の一環として出されたため、問題の本質があいまいになりがちであるが、単に職員の負担軽減、肩代わ

りが狙いではなく、そもそも部活動は誰が支えるのかという基本問題である。少なくとも学校だけに任すものではなく、地域が持っている子ども・若者の揺籃機能を活かしながら、学校、地域のそれぞれがそれぞれの得意分野を活かして、協働型で進めていこうという問題提起である。

そうすると、問題は地域がその役割の一端を担いきれるのかという点である。これまでずっと、学校のことは学校に任せてきたので、これから地域の人や組織が担うと言われても、そもそもの社会的合意の獲得も容易ではないし、実際に活動を担う担い手の発掘・育成、その組織化など問題は山積している。

ここでも、理念を具体化する仕組み、それを担う人財をどうするのかという、地域に共通の課題が立ちはだかっている。

2. 弱る町内会・町内会不要論まである

1 近所づきあい・つながりの希薄化

近隣関係によるつながりは狭く、浅くなっている

　調査からも、つながりの希薄化を見ることができる。途中、質問内容が変わっているが、近隣関係が希薄化していく推移を確認できる。1975年には、近隣の人と「親しくつき合っている」は52.8％もあったが、2007年では、「よく行き来している」は10.7％まで減っている。2020年代に入って、近隣関係によるつながりはさらに浅くなっていると思われる。

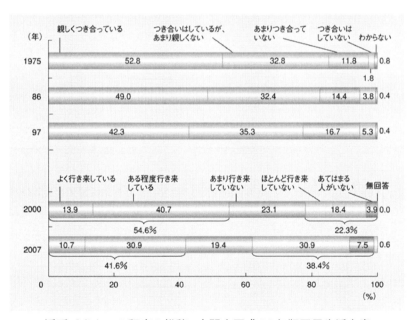

近所づきあいの程度の推移・内閣府平成19年版国民生活白書

また、次の図表は、生活面で協力し合う程度に親しい近隣住民がどれ
くらいいるのか、近隣関係の頻度と深さを示したものである。「よく行き
来している」人でも、24.7％の人が０人、つまり誰もいないと回答して
いる。近隣関係のつながりも浅いものになっている。

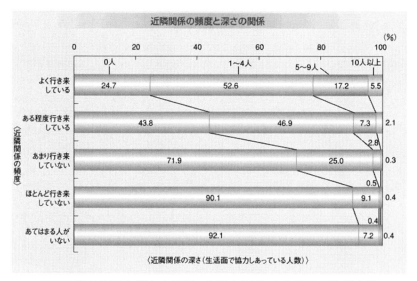

近隣関係の頻度と深さの関係・内閣府平成19年版国民生活白書

無理もないことなので、避けることはできない

　近隣関係の変化は、社会経済状況の変化からみれば仕方がないことで
ある。たとえば産業構造をみても、かつては農業、水産業など伝統的な
自然資源依存型産業が主要なものであったが、高度経済成長を経て、今
日ではサービス・販売などの第三次産業が主力を占めるまでになった。こ
の産業構造の違いは、人の行動や意識を変え、地域コミュニティに影響
を与える。

② 町内会不要論はどうなのか

町内会脱退をサポートするという仕事さえある

　インターネットで調べてみると、町内会脱退をサポートしますという行政書士までいるようだ（費用は2万5千円から3万5千円）。果たして、実際、商売になっているのだろうか。

町内会不要論の理論・不満不信から

　実際、町内会は不要なのか。その理論や理由は、どういうものだろう。

　戦後まもないころの町内会不要論は、前近代性ゆえの町内会解体論である（GHQは町内会や部落会を全体主義体制の一因とみなし、1947年に町内会や部落会の解散を命じている）。

　今日の町内会不要論は、こうした思想的な立場からではなく、町内会への不満・不信論である。とくに町内会の役員・当番になった人からの不満や不信が多い。会社勤めでは、到底、対応出来ないくらいの多忙さ、会計の不透明さなど、町内会の現状に幻滅してしまったという理由である。

アンケート調査を見ると・不要論も根強い

　朝日新聞が、自治会・町内会は必要？ 不要？という調査を行っている（朝日新聞デジタル・2015年10月2日～19日）

　結果は、必要（必要557票、どちらかといえば必要332票）、不要（不要676票、どちらかといえば不要295票）で、やや不要の方が多い。ネット調査なので、不要のほうに多くの投票がいくと思われるが、不要という意見も結構、根強いということなのだろう。

不要論の理由・ニーズとずれている

　ただ、興味深いのは、その理由で、

●必要なものに限って、みんなで取り決めている

　「防犯やごみ処理について取り決めてあり、必要に応じて回覧で、意見をまわしたりして20年以上やっています」。これは町内会的な協力の仕組みは必要だということで、逆に町内会は不要なものをやりすぎているという意見になるだろう。

●参加した人が意義を感じられる活動をしてほしい

　「自治会ありき型の組織によるものでなく、住民のニーズに応えうる機能を有するものでなければ、その存在意義がありません。行政頼みの地域代表性を担保している既存組織でなく、子ども会や女性・高齢者の集まりなどの性別世代別代表性のほか、福祉や防災などの課題代表制を担保し、住民一人ひとりが参加する意義・楽しみを感じる活動体としての機能が求められます。多世代交流から知恵を結集し、その有機的な展開により、コミュニティ・ビジネスを創出し、コミュニティ・ガバナンスを構築できる自治会であってほしいところです」

　不要論とは言っても、集合行為の必要性を認めたうえで、町内会の活動や組織のあり方が住民ニーズとずれているという指摘である。

不要論は、次の質問にどのように答えるのか

　町内会不要論もあるが、不要論は町内会が担っている役割や機能を代替する対案を示せていない。

①ごみ置き場の管理

　廃棄物の回収は行政の責務であるが、ごみ置き場の管理は市民の責任である。たとえば、ごみ置き場をカラスがかき回して、ごみが散らかってしまったとき、誰が片付けないといけない。町内会があれば環境部を中心にこの問題に対処するが、町内会がない場合、ごみ置き場を利用している住民が相談して、掃除当番を決めることになる。話し合いに集まることから簡単ではないだろう。

ごみ置き場の管理・船橋市役所

②防犯灯の管理

　防犯灯は、夜間の市民の安全な通行と犯罪の抑止を図るための、道路を照らす照明灯である。市民が、暮らしやすさのために私道に設置するもので、大半の自治体では町内会が管理している（例外的に、自治体が管理している市町村もある。相模原市、流山市など）。

　ちなみに、防犯灯の数は埼玉県川口市（人口604,715人）では8,300灯、神奈川県藤沢市（人口443,515人）では33,000灯にも及ぶ。

　この防犯灯の管理とは、たとえば次のようなことである。

■球切れ、故障していないか

■昼間も点灯し続けていないか

■防犯灯の向きは歩道を照らしているか

■明るい照明灯のすぐ近くに設置されていて意味をなさない防犯灯がないか

■架線が垂れ下がっていないか

■防犯灯が樹木の枝葉に覆われていないか

　等を見ることである。

　もし、町内会なかったら、これを住民間で取り決め、こうした管理を住民間で行っていかなければならない。これも話し合いすら難しいだろう。

③大災害時の対応

　大災害時において、町内会が果たす役割は大きいものがある。東日本大震災では、町内会の活動が、人々の生死に直結した（14ページ）。

　大災害時における町内会の役割は広範なので、ここでは避難所の運営に限ってみてみよう。

　大災害時は、自治体職員だけで避難所の開設や運営は無理である。各地域の町内会、自主防災組織を中心に関係者で組織された避難所運営委員会がこれを行う。その事前協議に絞っても次のような作業がある。

■地域住民を最初に避難させる避難所の確認

■鍵の管理体制の確認、開錠や安全確認の手順の確認

■施設内の利用方法やルールの確認

■その他の施設の活用方法、開設手順、避難所間の連携体制の確認

■避難者を収容する場所、収容方法の確認

■収容後に行う初動対応の確認（受付の設置や人数確認の方法等）
■住民の年齢層や地理的特長など、起こりうる事態の確認
■その他、地域の特性を踏まえ、避難所運営を行う上で留意事項

　これらのことを事前に決めておく必要があるが、町内会がなかったら、地域の住民が相談して代表者を出し、その代表者が行政等と相談し、決まったことを住民に周知しなければいけない。果たして、どこまでできるか。

④迷惑施設ができるとき

　町内会がないために情報が事前に入ってこず、知らないうちに迷惑施設ができてしまうケースがある。それに対して、町内会があれば、地域の代表なので、行政は必ず町内会に話を通すし、事業者にそのように指導する。町内会がなかったら、まず人集め、組織づくりから始めなければいけない。

▶町内会を設立して産業廃棄物処理工場の建設阻止：みどりの第一区会（茨城県つくば市）

　つくば市みどりの第一区会は2009年度に創設された。近隣の工業団地において産業廃棄物処理工場の建設が予定されていたが、町内会がなかったため情報が入ってこず、状況を確認し、反対も出来なかった。そこで町内会を創設して、署名を集め、建設を阻止した。

③ 町内会への不信不満・乗り越えるべきことは多い

ライフスタイルに合っていない

　農業、林業、漁業などの第一次産業ならば、人々のなりわいや暮らしは、その地域とともにあるので、地域を基盤とする町内会は、住民の暮らしにフィットした存在であった。しかし、建築業や製造業の第二次産業、サービス・販売などの第三次産業では、勤務地と住所が別というのが普通になり、地域を基盤とする町内会と住民の暮らしの不一致が目立ち始めた。

　住民の働き方も大きく変わった。共働き世帯の増加、就業形態の多様化が進み、仕事と町内会活動の両立に負担を感じる家庭が増えている。

　役員や当番になると、平日の夜や週末に開催される会合に出席し、休日にはイベントの準備や運営に駆り出されることになる。からだを休める時間や家族や友人と過ごす時間が少なくなるなど、プライベートが削られる。地域とのつながりや連帯感があれば別であるが、地域との関係が希薄化したため、町内会の役員や当番を負担・不満と感じる人が増えてきた。

　これが、「役員のなり手がいない」「役員の高齢化」あるいは「運営・行事に特定会員しか参加しない」「参加者の高齢化」の背景となっている。

業務・運営に多くの問題を抱えている

　町内会が行っている業務・運営上の課題も大きい。この点についても、多くの自治体で調査を行っているが、内容はほぼ共通である。

体質・活動が閉鎖的、因襲的

■トップダウンの組織運営

会長や役員と違う意見を言うと酷い目に合う。下の者が意見を言えない組織になっている。

■新しい意見が受け入れられない

これまでとは違う意見や感想を言うと、「昔からそうやってきた」と、押し通されてしまう。

■SNSなどの新しい技術が受け入れられない

会議や行事の開催案内、ホームページ作成など、SNSを活用できる分野があるのに、旧態然とした方法でやっている。

■女性が参加しにくい

世帯ごとなので女性が参加しにくい。避難所運営等など、女性の意見が反映されれば、もっと使いやすくなると思う。

■お金の使い道が不透明

前例踏襲でお金を使い、会計報告も十分ではない。

■事業内容が会員のニーズとずれている

一部の役員しか楽しめない行事に会費が使われる。

業務過多

■行政からの依頼が多く、業務過多に陥っている

■これまで連綿として続けてきたため（先送りされて業務見直しが行われなかったため）、漫然とやっている事業が多い。

これらは、町内会の業務や運営が、いよいよ限界になってきたということである。町内会の運営改革や事業仕分けが急務となっている。

がんばれ町内会・困難を打開する理論

1 役所がんばれ論・これは空理空論である

自治体職員の減少と疲弊

　公務員は余っていて、9時5時で帰れるというのは都市伝説である。最近では、外国と比較しても、日本の公務員数は圧倒的に少ないことが知られるようになったが、それにもかかわらず地方公務員は削減されていく。

　2022年4月1日現在、地方公務員は280万3,664人で、1994年（328万人）のピーク時と比べると、約48万人減少している。

　それでも280万人は多いように見えるが、地方公務員と言っても、教育、警察、消防、福祉関係が約2/3を占めている。

　一般行政部門のうち、防災や地方創生、子育て支援への対応などは増加しているが、一般行政（議会、総務・企画、税務、労働、農林水産、商工、土木）全体としては減少傾向で推移している。一般行政部門は、国の法令等による職員の配置基準が少なく、地方自治体が主体的に職員配置を決める余地が比較的大きいためである。選挙に勝つために、立候補者は公務員の削減を主張し、市民もそれを後押しする。

人員不足と長期病欠者

　そのしわ寄せが、職員の時間外勤務の増加、臨時職員の増加などにつながっていく。他方、住民ニーズは、ますます多様化、高度化するばかりだから、職員一人当たりの業務量が増加していく。こうした職場環境の悪化が、職員の心のゆとりをなくし、長期病休者の増加につながっている。

　長期病休者を主な疾病分類別で見ると、「精神及び行動の障害」が全体の54.1％を占め、10年前の約1.6倍、15年前の約3.4倍と急増していることが分かる。もはや職員個人の努力だけでは、対処できない状況になっている。

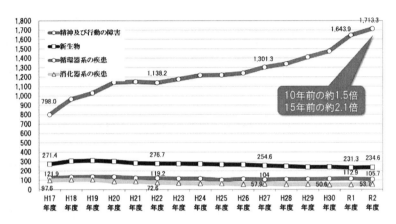

主な疾病分類別長期病休者率（10万人率）の推移・一般財団法人地方公務員安全衛生推進協会

コロナの時に懲りたではないか

　公務員の数を削減したために、官公庁のパフォーマンスが低下し、行政サービスが劣化するが、そのことが人々の怒りを買い、それを受けて公務員の一層の削減がさらに進められていく。負のスパイラルである。希望を失った公務員は、殻に閉じこもり、決められた仕事しかしなくなる。

　削減しすぎた職員体制では、ちょっとした異常時に対応できなくなる。その端的な例がコロナ禍である。保健所はコロナ感染症が疑われる者からの相談、医療機関からの相談・感染者の報告、帰国者・接触者外来への取り次ぎ、PCR検査の受付・調整などさまざまな役割を担ったが、その惨状は説明するまでもないだろう。

　私たちはコロナで懲りたではないか。いくら立派な制度や仕組みがあ

っても、それを担う人がいなければ、絵にかいた餅になる。

② オルソンならどう答えるのか

　公共課題に対する無関心や人任せに対して、オルソンはどう答えるか。

　フリーライダーを防ぐため、オルソンが示す対策は、①フリーライダーの特定と監視ができるぐらい小規模な集団にする、②権力や法律（罰則）の威圧を前提にした強制、③参加者だけに与えられる選択的誘因（報酬の設定である。

小規模

　集団の規模が小さければ、行為をしない構成員が発見しやすく、構成員からみれば非難を受けやすくなる。集団は小集団であればあるほどフリーライダー問題に対処しやすく、大集団であればあるほどそれに対処しにくいのは、その通りである。

　ただし、この小規模化は、組織内のフリーライダーに対する対処法としては有効であるが、そもそも町内会に入らない住民には対処ができない。

強制

　集合財の供給に際して、その便益を享受する以上、負担も義務的に生じる仕組をつくることである。

　しかし、町内会のような活動に対しては、有効な方法となりえない。町内会は自発的な結社である以上、嫌がる人を強制加入させることはできないからである。

誘因

　何らかの誘因を用意し準備することで、市民の自発的な参加意欲・貢献意識を引き出せるのではないか。この指摘は使える。本書は、この点を中心に論じている。

３　社会心理学の学びから考える

リンゲルマン効果・集団だと手抜きが生じる

　フリーライダーに関連して、リンゲルマン効果というのがある。

　マクシミリアン・リンゲルマンは、集団効率に関する興味深い実験を行った。被験者に綱引きをさせて、参加人数の総合計に対する１人当たりの力の量の違いを測定するというものである。

　その結果によると、１人で綱引きするときに用いる力を100％とすると、２人のときは93％、３人のときは85％、８人のときには49％まで低下したとしたという。つまり、集団で行動することで、手抜きが生じるということである。

社会的手抜きはなぜ起こるのか

　この結果は、何か当たり前のような感じもするが、なぜ社会的手抜きが起こるのか。リンゲルマンたちの意見をまとめると次のようになる。

■誰かがやるだろうと思ってしまう。その結果、一人ひとりが本来持っている力が存分に出しきれない

■集団で作業をするには、息を合わせなければいけないが、その調整が難しい

■集団の雰囲気によっては、緊張感の低下や注意の拡散も起きるだろう

■個人の貢献度が分かりづらい。真面目にやるのが馬鹿らしく思えてくると手抜きがひどくなる

　一人ひとりが本来持っている力が存分に発揮させるには、社会的手抜きが起こる原因を反転させればよい。

①自信を持って行動できる目標を理解し、身につけることである。
②参加者それぞれの役割、意義、行うべきタスクを明確にする。
③役割、仕事の遂行量、達成度の見える化を工夫する。
④参加者への情報提供、名誉等のフィードバックに心がける。表彰やPRである。

　ポイントは参加者一人ひとりの当事者性や適正な評価である。

4 傍観者効果論から考える

傍観者効果・誰かがやるだろう

　リンゲルマン効果と似たものに「傍観者効果」がある。傍観者効果とは、緊急事態で援助が必要な人がいるにもかかわらず、周りに多くの傍観者がいると、率先して援助行動を起こさなくなる集団心理である。誰かがやるだろうという心理状態である。

　この理論のきっかけとなったのが、1964年にアメリカのニューヨークで発生したキティ・ジェノヴィーズ事件である。被害者が暴漢に襲われてから殺害されるまでの間、38人もの近隣住民がその様子を目撃していたにも関わらず、誰も通報しなかったというものである。

　この事件を受けて、社会心理学者のビブ・ラタネとジョン・ダーリーは、「自分以外にも目撃者が多数いたため援助行動が抑制されたのではないか」という仮説を立て実験を行った。その結論は、都会人の無関心や無責任さが原因ではなく、多くの目撃者がいたために、「誰かがやるだろう」という集団心理に陥り、誰も行動しなかったものであるとされた。たしかに、「誰かがもう通報しただろうと考えて、通報しなかった」という経験は誰にでも起こりうるし、類似の経験をした人も多いだろう。

誰かがやるだろうと考えると、なぜ何もしないのか

　傍観者効果の原因については、ラタネとダーリーは、傍観者効果は、多元的無知、責任分散、評価懸念が複合的に作用して発生するとしている。表現が難しいので解説すると、

多元的無知…周りの行動に合わせて、誤った判断をしてしまうことである。「周りの人が援助行動を起こしていないのだから、特に緊急性のあることじゃないのだろう」と思い、自分も行動しなくてよいと判断することである。
　これを町内会活動に当てはめると、自分があわてて参加しなくても、町内会が困ることはないだろうと判断してしまうことである。

責任分散…「周りの人と同じ行動をしているのだから、何かあっても自分だけの責任ではなくなる」と判断してしまうことである。他の人と同じ行動をとることで責任や非難が分散されると判断する自己防衛の心理である。集団の規模が大きくなるほど、この傾向は強くなる。
　町内会活動では、まわりの人も活動していないから、活動に参加しなくても非難されることはないだろうと考えるケースである。

評価懸念…「失敗したら恥ずかしい」「間違ったら責任をとれない」など、行動を起こして失敗してしまうくらいならば、始めから何も行動しない方がいいと思う心理である。

　町内会活動では、新しいことや改善を始めて失敗したら責任をとれないから、何もしないでおこうと考えるケースである。

傍観者効果を乗り越える・町内会活動に応用すると

①正しく判断してもらうために、現状や実情をきちんと伝えることが大切である。「自分たちは何で困っているのか」「どのような協力や援助が必要なのか」を遠慮なく伝えたらよい。

②非常事態に遭遇した集団が知り合い同士の場合は、助け合う傾向が高い。みんなで助け合った事例を紹介し、一緒に活動することの意義を繰返し説明しよう。みんなでつながれる機会や場所をたくさん用意することも大事である。

③失敗を責めず、チャレンジを励まし、小さな成功も大いに評価する雰囲気をつくっていこう。

5 資源動員論からのヒント

資源動員論・どういう資源を動員すれば動き出すのか

　資源動員論とは、共通利益が存在するだけでは組織化は起こらないと考え、利用可能な資源を獲得し、それを効果的に利用することで社会運動の成功につなげるという立場である。

　つまり、目標達成のため、どのような資源を動員し、どのような組織、戦略で行えばよいかを考えるものである。なお、ここに資源とは、物質的（金、設備、場所）、人間的（人的資源、知的財産）、社会的（仲間同

士や政策決定者とのつながり・ネットワーク）、文化的（社会の意識）、道徳的なものまで含まれる。

資源動員論から学ぶこと・町内会活性化のヒント

資源動員論から学ぶのは、次のようなポイントである。

■分かりやすい定義　自分たちの意義や目標を分かりやすく示すことで、住民の理解や支持を広げていく。

■連帯感・一体感の醸成　自分の利益と公共の利益との乖離が小さくなり、まちや地域のために自然に力を出せるようになる。

■正義や正当性の提示　活動に正義や正当性が見えれば、住民は共感し、賛同してくれる。行為者は充実感が得られ、フリーライダーは負い目、引け目を感じる。それが公共活動への参加につながっていく。

■関係性の尊重　付き合いや交誼があると、その関係を守ろうとして、あるいは失うことを怖れて、公共活動に参加するようになる。

■成功可能性の感触　成功できそうだと思えば、自分の行動は無駄にはならないと安心して参加できる。

■情報の共有　情報が共有されることで、連帯感や一体感、正当性、つながりなどが強化される。

資源動員論は、町内会活動活性化のヒント満載である。

6 ソーシャル・キャピタルの可能性

ソーシャル・キャピタルとは

　地区によって、助け合い活動が盛んなところとそうでないところがある。熱心にリサイクル活動に取り組む地区とそうでない地区もある。同じ制度が適用されているはずなのに、違いが出るのはなぜか。その問題を解くカギがソーシャル・キャピタルである。

　ソーシャル・キャピタルは、住民同士の信頼や結びつき、連帯、交流が、社会をうまく機能させる（元気にする）という考え方である。

　ソーシャル・キャピタルを主唱したアメリカの政治学者ロバート・パットナム（Robert D.Putnam）は、1970年代に地方制度改革を行ったイタリアを調査して、地域により制度パフォーマンスに差が生じるのをソーシャル・キャピタルの豊かさの差であるとした。つまり、人々は互いに信用し、自発的に協力することで、集合行為のジレンマを解決して、民主主義を機能させると考えた。

ソーシャル・キャピタルと町内会の活性化

　日本における研究でも、ソーシャル・キャピタルの各要素と市民活動の間には一定の相関（正の相関）があるとされている（『ソーシャル・キャピタル・豊かな人間関係と市民活動の好循環を求めて』内閣府　2003年）。

■市民活動の活性化を通じて、ソーシャル・キャピタルが培養される可能性がある
■ソーシャル・キャピタルが豊かならば、市民活動への参加が促進される

　ソーシャル・キャピタルの考え方は、町内会活動の活性化に有効だと思う。

７ シビック・プライドの可能性

シビック・プライドとは

　シビック・プライドとは何か。シビック・プライドの考え方を提唱、普及させた一人である伊藤香織教授は、「市民が都市に対してもつ誇りや愛着をシビックプライド（Civic Pride）というが、日本語の郷土愛とは少々ニュアンスが異なり、自分はこの都市を構成する一員でここをよりよい場所にするために関わっているという意識を伴う。つまり、ある種の当事者意識に基づく自負心と言える」（伊藤香織『シビックプライド』宣伝会議2008年 p.164）と定義している。つまり、内発性（愛着、誇り、共感）と当事者性が、シビック・プライドの基本要素である。

シビック・プライドと町内会活動

　シビック・プライドの概念は、町内会活動の活性化にも活用できるだろう。

　シビック・プライドが地域活動にどのような影響を与えるかについては、先行する環境心理学からの研究が参考になる。

　それによると地域への愛着があれば、地域活動へ積極的に参加し、熱心に活動する。シビック・プライドも、町内会活動の活性化に対して、プラスの影響・効果を与えるといえるだろう。

8 がんばれ町内会・乗り越える理論などを踏まえて

一人ひとりの大事さ

町内会を構成する一人ひとりの意識や行動が大事である。

①当事者意識

町内会活動は、自分たちが住むまちを住みよくしようという活動である。行政任せでは何も進まない。まちの人たちが当事者となって、取り組んでいかなければならない。どうすれば当事者意識を持ち、それを持続できるのか。ここは大いに知恵の絞るところである（私の答えは第2章）。

②自信を持とう

私は、町内会は私たちの未来を救う存在であると思っている。町内会の意義を理解し、自信を持って活動すれば、必ず相手に伝わる。

③わかりやすい定義

みな忙しいし、気にしなければいけないことも多い。町内会の意義をワンフレーズで言えるくらいに、町内会の意義や役割をつきつめておこう（私のワンフレーズのひとつは、「町内会がダメになれば日本は持たない」）。

④誘因を活かそう

人の行動の動機はさまざまである。「合理的」だって人によって違いがある。人が動く誘因に注目し、誘因に働きかけ、市民の自発的な参加意欲・貢献意識を引き出そう。

⑤評価や励ましの機会

励ましは人を元気にする。だから、ひとこと「ありがとう」と声をかけてほしい。温かなまなざしだって、頑張るもとになる。何よりも、ありがとうも温かなまなざしもお金がかからない。費用対効果は抜群である。

集団の力にする

町内会活動は、さまざまな経歴・事情の人たちが関係する。基本的な考え方や方向性についてベクトル合わせをし、それをあわせて大きな力にする。

①一体感づくり

一体感ができれば、1＋1を3にできる。一体感づくりの基本は意義の共有と楽しい場である。そのコツは第2章にたくさん書いた。

②リーダーの存在

一般にリーダーシップがあるとは、指示型（独断専行型）であると思われている。しかし、町内会は会社ではないので、それだけでは会員がついてこない。会員の状況等を踏まえ、適切なタイミングで、行動を指示型、支援型、参加型、達成志向型などに使い分けていくリーダーが求められる。

▶リーダーの言葉から：はやめ南人情ネットワーク代表の汐待律子さん（福岡県大牟田市）

大牟田市において、安心して徘徊できるまちづくり活動をリードし、それを全国の運動にまで広めた「はやめ南人情ネットワーク」代表の汐待律子さんは、地域活動におけるリーダーの心構えを次のようにまとめている。

■雰囲気づくりをあせらずに

■「一人一役」「一人の百歩より百人の一歩」

■地域住民自身が主役にならないといけない

■そういう気持ちになるような仕掛けが必要

■地域づくりに参加する住民の発言は命、それを共有してみんなで考えていく

■地域づくりには長い時間がかかる

■今ダメなものは、「今は」ダメ

■動きが起きるような働きかけを続けることが大事

　示唆に富み、参考になる。

③集まる機会や場所

　人々がつながるきっかけとなる機会や場所をつくろう。顔が見えれば、そこから、つながる関係が生まれてくる。

行政の立ち位置・後押し役として

①行政の強みは信頼性

　行政の力の源泉は信頼性である。行政に対する批判も期待の裏返しである。地方公務員法などの諸法律、職員一人ひとりの高い倫理観などが信頼性の裏付けになっている。

②後押しする役割

　町内会はいくつもの問題を抱えているが、会長職が順番の町内会では、問題の先送りになりがちになる。こうした事情を無視して、改革の推進を自治体・町内会への丸投げしても、先に進まない。自治体の時宜を得た、適切な関与が不可欠である。その関与の基本スタンスは、町内会の主体性、当事者性を尊重しつつ、支援・後押しである。

▶自治会サポーター制度：鹿児島県南九州市

地域担当職員制度は、広く採用されているが、自治会ごとに担当職員を配置する制度は珍しい。南九州市では、市内全自治会（243自治会）に、課長から新規採用職員までの全職員を配置している。市役所と自治会の円滑な連携とともに、職員の学び・研修の機会にもなる。

③職員も地域の一員として

自治体職員も地域社会の一員であることから、地域活動に積極的に参加するとともに、職務の遂行に当たっては、町内会との協働に努めるものとする。これを条例で定めている例がある。

▶職員の町内会参加を条例化：自治会等を応援する条例（千葉県市川市）〉

市は、職員に対し、その居住する地域の自治会への加入を勧奨し、及び当該職員が自治会活動に参加することに配慮するよう努めなければならない（第6条第5項）。

がんばる町内会をカタチに・手引書をつくろろう

多くの地域で町内会の手引書（マニュアル）がつくられている。策定目的によって内容が違ってくるが、策定に当たっては、このマニュアルで何をしたいのか（立法事実）をしっかり議論してほしい。

■毎年、会長や役員が交代するなかで基本的な運営方法を解説する（印西市、浜田市）
■町内会が抱える課題解決や活動の活性化の参考にする（札幌市）
■行政との関わりで窓口や手続きについてまとめている（寒川町）
■事務処理、書類作成の軽減化のため（印西市）
■町内会への加入促進マニュアルとして（広島市、福津市、鳥取市）

■町内会設立の手引きとして（白井市、芦屋市）

■町内会の法人化の手引きとして（近江八幡市、郡山市）

■町内会の運営や様式をデータ（ワード、エクセルなど）で掲載（鹿児島市）

　そのつくり方も、自治会連合会から選出された委員によって完成させた（さいたま市）、町内会長にも深く関わってもらった（明石市）などがある。

▶町内会活動のヒント：札幌市

　全国の自治体のなかで、町内会に対する取り組みでは、札幌市が群を抜いている。

　札幌市の手引書は、そのタイトルの通り、町内会活動のヒントという観点からつくられている。とくに町内会加入促進と担い手確保という、どこの町内会でも抱えているテーマに着目して作成されている点が特徴である。

　内容も抽象的な記述ではなく、さまざまな地域で取り組まれているノウハウやアイディアを紹介している。様式見本など資料集も充実しており、実践的な手引書と言える。また作成に当たっては、町内会役員が参加したワークショップやインタビュー等を行っている。

町内会活動の手引書・札幌市役所

第 2 章

がんばる町内会の
処方箋・10 の提案

提案 1

「ちょっとした自信」を持とう

自分たちの活動に「ちょっとした自信」を持とう。自信が
活動の継続や新たな挑戦の火種となっていく。

1. 私たちは自己有用感で活動する

① 自己有用感とは

自己有用感で自信が湧いてくる

　自己有用感は、自分たちの活動が社会や他者の役に立っているという
気持ちである。自己有用感があれば、自信を持って活動を続けることが
できる。

　日本人の場合は、自尊感情ではなくて、自己有用感で自己肯定感が育
まれていく。

自尊感情：クラスで自分がピアノが一番うまい
自己有用感：クラスで一番うまいと、みんなに評価された。そのみんな
の期待にこたえられるように頑張る

自己有用感は3つの要素で構成される

　自己有用感は、存在感、貢献、承認の3要素で構成される。

存在感：他者や集団のなかで、自分は価値のある存在であるという実感
貢献：他者や集団に対して、自分が役に立つ行動をしているという状況
承認：他者や集団から、自分の行動や存在が認められているという状況

これらが互いに、関連し合うなかで自己有用感は高められていく。

　自己有用感が、フリーライダーに侵されがちな集合行為を継続する促進剤になる。

② 町内会は社会のためになっている

町内会は命を救う

　町内会に入るメリットがわからないという声がある。「町内会は社会のためになっている」。もう少し言えば「町内会は命を救う」。これだけで十分にメリットではないか。この点については第1章で詳しく書いた。もう一度読み返してもらいたい。

　大規模災害が発生すると、消防などの公的防災機能が著しく制限される。阪神淡路大震災でも東日本大震災でも、役所の庁舎そのものが被災し、機能不全に陥った。

　その時、頼りになるのが地域ぐるみの協力体制である。グラフは阪神淡路大震災の際に、誰が救助したかである。家族や隣人・友人が多くを

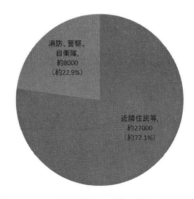

消防、警察、
自衛隊、
約8000
（約22.9%）

近隣住民等,
約27000
（約77.1%）

阪神淡路大震災における生き埋めや閉じ込められた際の救助主体・
平成26年版 防災白書

占め、消防や自衛隊を大きく上回っている。

　阪神淡路大震災の時、横浜市の都市計画局にいた私は、震災直後、若手職員たちを連れて神戸の街に行ったが、そこで見たのは、地震で潰れて身動きできない行政、その神戸の街で、生き生きと活動しているNPOや町内会の人たちだった。

国も自治体も結局は町内会が頼りである

　地域福祉が典型であるが、国や自治体ができるのは方向性を示すことで、結局、実践は町内会任せである。それは町内会が頼りになる存在だからである。

■町内会は地縁をベースに組織化される。同じまちに住むという意識は連携、協力の基盤になる。地縁を基盤につくられた町内会は、地域全体に目配せして活動してくれる存在であることを住民は知っている。

■町内会の活動は、近隣のつながりをベースにつくられる。近隣は、交流、連帯、協力の土台である。住民の多くが、町内会が近隣関係を大事にする組織だと知っている。

　このような組織は他にはない。行政がもっとも信頼を置くゆえんである。

町内会が壊れれば日本の制度も瓦解してしまう

　日本の制度は家庭や地域で支え、支え切れない部分を政府が担うという組み立てでつくられてきた。だから少ない経費で高度なサービスを提供できた。町内会がなくなると、この日本システムが瓦解してしまうことになる。町内会は社会を支えている。大いに自信を持ってもらいたい。

2.　自信を高めよう

① こんな時に自己有用感が高まる

①他者から気にかけられている

　他者に気にかけられると自信が生まれてくる。まちの人からの「ごくろうさま」の言葉ひとつで元気になる。

②他者からの受容

　周りから、わかってもらえている、感謝されていると感じることにより自信が生まれ、活力の源になる。

③他者とつながる安心感

　つながることによる安心感や自信である。仲間同士の交流の機会、仲間と悲喜を共にする機会などがある。

④他者と支えあっているという信頼関係

　同じ活動をお互いに支え合いながら行っていることから生まれる信頼関係が自信になる。

⑤まちのために役に立つ満足感

　頼られ、感謝され、礼を言われることで、まちのために役に立っていることを実感し、気持ちが満たされることで自信が生まれる。

　これらを基本に、具体的な活動を組み立てていけばよいだろう。

② 自信を持つコツ・小さな成功体験の積み重ね

小さな成功体験を積み重ねる

　まちづくり全体に言えることではあるが、小さな成功体験は重要である。小さくても成功するとうれしいし、それが自信にもつながっていく。

　だから町内会活動で小さな成功体験があったら、その時その時で大いに喜んだらよい。若者カップルの「出会って1か月記念日」のようなもので、「うまくいった」と思ったら記念し、積極的にPRするとよい。

　大事なことは、身近な小さな成功体験を積み重ねながら、そこに喜びや楽しさを感じながらやっていけばよい。迂遠のように見えるが、町内会活性化の一番の近道だと思う。

わが自治会一押し事業を探そう・つくろう

　自分たちの活動を顧みて、その価値を再確認しよう。町内会ごとに、抱えている課題も違うしメンバーの関心も違う。自分たちの取り組みのなかで、誇れる活動を取り出してみよう。もうちょっとだと思ったら、バージョンアップを試みよう。

▶孤立死問題に取り組む：常盤平団地（千葉県松戸市）

　単身世帯が増え、高齢社会が進行するなか、孤立死が増えている。地域からの孤立が孤立死に繋がることから、町内会の役割は大きいものがある。

　この問題に先駆的に取り組んだ町内会の一つが、千葉県松戸市常盤平団地である。団地内で孤立死が相次いで発生したことを契機に、団地自治会がたちあがり、「孤独死ゼロ作戦」と名付けた取り組みを開始した。異常を感じた人からの通報を受け付ける「孤独死110番」、住民が気軽に集える場として「いきいきサロン」等のさまざまな孤立死対策を実施し

ている。2009年度には、地域づくり総務大臣表彰を受賞している。

エビデンスを示そう

　証拠、根拠の意味で、エビデンスという言葉が一般に使われるようになった。町内会の役割や意義についても、抽象的、イメージ的に説明するのではなく、具体的な情報や統計等のデータを示すことで、説明は説得的になる。町内会メンバーにとっても、自信を持つことができる。

▶防犯パトロールで犯罪発生減少：小川自治会（東京都町田市）

　東京都町田市小川自治会では、防犯パトロールを実施することで、自治会内の窃盗事件件数が減少した実績を紹介している（半減させている）。具体的数字が示されていて説得力がある（警察庁自主防犯ボランティア活動支援サイト・防犯ボランティアフォーラム開催記録、「小川自治会防犯パトロール隊（東京都）全員で犯罪のない明るく住みよい街づく」参照してほしい）

PR動画をつくろう

　町内会の意義をもっとストレートに伝えるために、PR動画をつくったらどうだろう。最近では、工夫を凝らした動画がつくられている。そのうち町内会PR動画コンテストが始まるだろう。

▶パラパラ漫画ムービーによる紹介：名古屋市

　名古屋市のPR動画は、パラパラ漫画ムービー「もしも町内会がなくなったら…」である。もしも町内会がなくなったら、まちはどうなるのか、町内会が日々の暮ら

パラパラ漫画ムービー・名古屋市役所

しにどのように関わっているのかをパラパラ漫画を用いて紹介している（再生時間3分31秒）。

▶マチトモヒーロー家族：札幌市

　私の一番のお気に入りは、札幌市のマチトモヒーロー家族である。もともとは4コマ漫画であるが、アニメーションを付き動画版もある。

　マチトモヒーロー家族6人が登場し、初めの一歩編、担い手編、まちのヒーロー編、若手役員編、子育て応援編、もしも町内会がなかったら編、情報発信編、交通安全編、ごみステーション編、街灯編。、見守り編、ソーシャルディスタンス編など、さまざまな町内会の活動を題材にしている。ぜひYouTubeで見てほしい。

　おまつりやふれあいフェスタなどのイベント会場に「マチトモヒーローアクション隊」が出るらしい。

| お父さん | お母さん | 長女 | 長男 | おじいさん | おばあさん |
| タダシ /45 | ナゴミ /41 | アカリ /19 | ゲンキ /12 | マモル /72 | アイコ /68 |

マチトモヒーロー家族は、地域を愛しています。
マチトモヒーロー家族は、町の暮らしを楽しんでいます。
マチトモヒーロー家族は、町内会の人たちを放っておけません。
マチトモヒーロー家族は、ちょっとだけ照れ屋さんです。

　　　　マチトモヒーロー家族・札幌市役所

▶仙台弁こけしとタイアップした町内会活動紹介動画：仙台市

　仙台市では、仙台弁こけしとタイアップした町内会活動紹介動画をつくっている。町内会が日頃、地域のために行っている活動等にスポットを当てた内容である。

　地域清掃編・きれいにすっちゃ、避難所運営・そなえっちゃ、ご近所・助け合い・みまもっちゃがあり、最新作の町内会ラップ編では、ラップ調で町内会が日頃、地域のために行っている活動等を紹介している。

町内会活動紹介動画・仙台市役所

新たな顕彰制度を開発しよう

　地域社会を支える町内会に対する表彰制度として、国は「自治会等地縁による団体功労者総務大臣表彰」や「ふるさとづくり大賞」といった表彰制度を設けている。

　自治体にも、その功績が顕著な自治会長・町内会長等を表彰する制度はある。会長を応援することも大事だが、同時に町内会全体で競い合い、自信を持てる表彰制度を開発しよう。

▶町内会だよりの表彰：青森県八戸市

　八戸市では、住民に町内会活動を理解してもらい、参加を促すために有効な手段となる「町内会だより」の奨励、情報発信力の向上を目的に、町内会だよりコンクールを実施している。またその表彰作品を紹介している。

提案
2

「ちょっとしたやる気」を後押しする

みんなのためになることなので、やってみてもいいと思う
人は多いだろう。ちょっとした後押しで一歩を踏み出せる。

1. なぜ公共活動をやるのだろう・まちづくりに参加するきっかけ

かつては名望家・今はロールモデルから

かつては、まちや地域のためになる活動を担っていたのは、名士、徳
望家、素封家など名望家と呼ばれる人たちだった。立派な出自、十分な
経済力、高い教養が、その裏打ちとなっていた。

しかし、平等意識や進学率の上昇等で、名望家ゆえに慈恵的行動をす
べきという社会規範はほとんどなくなった。今では他者への共感、地域
社会への関心というその人の主観的性質が、まちづくりや地域活動に参
加する契機となっている。

この主観的性質は、「幼少期に接したロールモデル（人助けする近所の
人・母親）」から学ぶとされている。町内会の体験もロールモデルのひと
つである。

人が動く誘因

人が動く誘因には、次の4つがある。

①金銭的利益を求める経済的誘因
②名誉や名声、地位や権力を求める社会的誘因
③満足や生きがいなどの心理的誘因
④倫理や宗教を背景に持つ道徳的誘因

人によってやる気はさまざまである。自分ならどうかと当てはめてみてほしい。これら誘因に働き掛けることでやる気を出してもらおう。

2. やる気の引き出し方

1 当事者とする仕組み

やる気の引き出し方・当事者とする仕組み

　まちづくり、地域づくりは、地域の人たちの問題である。地域の人たちが当事者となり、その気になって取り組んでいかなければ解決しない。行政の役割は、当事者を本気にさせ、それぞれが持っている力を引き出し、それを地域全体の力として結集することである。町内会は、地域の人たちが当事者となる受け皿である。

誘因は年代別に違う

　ボランティア活動への誘因は、年代別に違う（全国社会福祉協議会「全国ボランティア活動実態調査」）。

　30代以下では、「自分の人格形成や成長につながることをしたかった」である。つまり自分のバージョンアップである。たしかに青春時代には自分を変えたいと思ったことがあるのではないか。

　40代や50代では、「自分の知識や技術を生かす機会がほしかった」である。働き盛りでたくさんの知識や技術を身につけている。

　60代以上では、「社会やお世話になったことに対する恩返しをしたかった」が、最も主要な動機となっている。これは私自身が実感する。

　これも自分に当てはめて考えてみてほしい。案外、当たっているのではないだろうか。この年代別の主たる動機の違いを踏まえて、声掛けをするとよい。

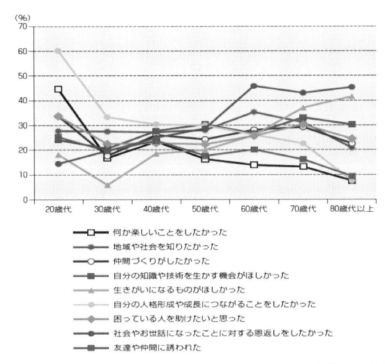

ボランティア活動に参加した理由（年代別）・大阪府教育委員会「親学習教材」

② 誘因への働きかけ・ケース別

社会に貢献できて奨励金ももらえる

　集団資源回収事業は、町内会等の地域活動団体（登録団体）と登録業者が実施する資源物（紙類・布類・金属類・びん類）の回収事業である。

　回収量に応じて、自治体から奨励金が交付されるが、行政回収と比べ、回収に要する財政支出が少なく、登録団体の活動費として奨励金を有効に活用できるなど地域コミュニティの形成にも有効である。登録業者に対しても奨励金が交付されるが、地域経済が活性化に寄与する等のメリ

ットがある。心理的誘因、道徳的誘因に加え、経済的誘因もある地域活動と言える。

▶町内会の集団資源回収：横浜市

　横浜市の場合は、1983年から登録団体に対する助成制度を始めている。当時は町内会の役員自らがリヤカーを引いて、資源物を集めに回っていたことから、物品（リヤカー）助成でスタートした。現在の横浜市資源集団回収要綱では、登録団体への奨励金の額は、回収資源物ごとの回収量1キログラムにつき3円となっている。

　助成開始後は、市民・事業者・行政が、それぞれの役割を果たして、ごみの減量とリサイクルに取り組む協働事業に変わっていった。

資源回収制度の歴史・横浜市役所

趣味の活動も侮ってはいけない

　自分の趣味や好みの活動をときどき公共活動のなかで実践したら、立派な地域活動である。たとえば趣味の音楽活動も、10回のうち1回、福祉施設でやれば、立派な社会活動になる。

　趣味だからと言って侮ってはいけない。孤立化が進む今日、趣味的活動も連帯、ネットワークの契機になる。みんなのためになる活動ならスタートはどんなものでもよい。第一、強い社会性を持つ市民活動だって、よく見ると個人の趣味との境目は微妙ではないか。

▶緑と花いっぱい花壇コンクール：仙台市

　仙台市では、市民、事業者、行政が協力して緑美しい杜の都をつくるため、「百年の杜づくり」を推進している。花が趣味という人はたくさんいる。仙台市緑と花いっぱい花壇コンクールは、杜の都の環境づくりの一環として開催されていて、コンクールでは、地域の人たちが手がけた魅力いっぱいの花壇を毎年表彰している。

高齢者の出番をつくろう

　高齢者がボランティア活動を行う誘因は、社会への恩返しである。「動けるうちに、誰かのお役に立ちたい」と考えている人も多い。高齢者だからと言って、福祉サービスを受けるばかりでなく、自分の経験と時間を活かして、社会の役立つ行動ができる。

▶生活支援サービス　大津シーハイツ・サポートクラブ（神奈川県横須賀市）

　横須賀市大津シーハイツ・サポートクラブは、自治会の住民有志による有償ボランティア団体である。高齢者を中心とするメンバー（活動会

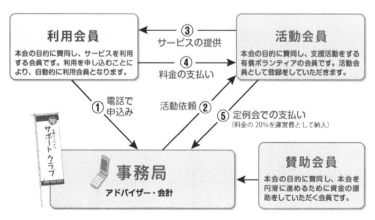

サポートクラブの仕組み・大津シーハイツ・サポートクラブ

員は60代、70代が中心）が、高齢者ならではの知見を活かしたサポート活動を行っている。

　活動内容は、多岐にわたる。2022年度には、内閣府より社会参加章を受章した。

家事	ごみ出し、資源回収、粗大ごみ出し、掃除、洗濯、食事の支度、衣類整理、布団干し、寝具交換
室内作業	簡単な修理、電球交換、家具の移動・運搬、軽微な力仕事
室外作業	草取り、花の水遣り、水撒き、庭木の手入れ
室外代行	買い物、薬取り
外出援助	散歩の付き添い、病院への付き添い、外出の手助け
見守り	子守、緊急時の保育園への送迎、話し相手
操作指導	パソコン、家電製品操作
階段昇降	車いすを使う

若者の出番をつくろう

　まちづくりでは、地域を活性化するのは、よそ者、ばか者、若者と言われる。若者の魅力は、「若さゆえのエネルギー」である。たしかに若い人がいるだけで賑やかで、それだけで周囲の人たちも活気づく。若者らしい発想に出会うと、例年通りの仕事をしてきた大人が、これまでの活動を省みる機会にもなる。

　たくさんの若者たちと付き合ってきて感じるのは、若者は固定概念に縛られず、フラットな関係をつくるのがうまいということである。

▶22歳の町内会長・戸田市笹目北町会

　2023年5月に戸田市笹目北町で22歳の町内会長が生まれた。小山咲妃さんで大学4年生である。年配から若者まで全ての世代が元気で暮らせる町会活動の実現を目指すため会長になったという。若者会長になっ

て、さっそく高校生数人が参加し、町会の今後の活動についての話し合いが行われた。高齢者ばかりの町会に変化が生まれ始めている。新会長の若さを活かせるように、ベテランの役員や会員は、大いに支え、励ましてほしい。

働き盛りの出番をつくろう

40代や50代では、「自分の知識や技術を生かす機会」があることが誘因である。

近年、プロボノという言葉が市民権を得てきた。プロボノは、ラテン語のPro Bono Publico（公共善のために）を語源とする言葉だそうで、社会的・公共的な目的のために、自らの職業を通じて培ったスキルや知識を提供するボランティア活動である。その活動の基本にあるのは、自らの知識・技術を活かすことがWinという心情である。

▶横浜型地域づくりプロジェクト・ハマボノ：横浜市

ハマボノは横浜市のプロボノで、地域活動団体とプロボノ参加者をマッチングする仕組みである。参加者は仕事の経験を活かして地域を支援する。広報ツール作成、マニュアル作成、ニーズ調査などが例示されているが、これらは地域活動団体では、なかなか手が回らない作業である。これを期間限定で支援する。

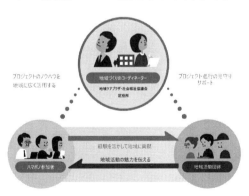

ハマボノの仕組み・横浜市役所

提案3 「ちょっとした割り切り」も必要である

フリーライダーを完全になくそうとしても疲れるだけである。「まあしょうがないかな」という割り切りも必要である。

1. 公共活動ではフリーライダーは出るものだ

1 フリーライダーはいるものだ

地域活動ではフリーライダーが生じるものだ

　地域活動によって実現しようとするのは公共財（公共利益）である。公共財には、非排除性という性質がある。つまり、商品（私的財）ならば、お金を払わないともらえないが（排除できるが）、公共財では、それを供給し、維持するための費用を負担しなかった者でも、その利益を得ることができる（排除できない）。具体的には、歩道の清掃に協力しなかったと言って、「落ち葉のない、歩きやすいきれいな歩道を歩いてはいけない」とは言えないのである。

　そこから、ただ乗り（フリーライダー）が生まれてくる。先に述べたように、落ち葉のない、歩きやすいきれいな歩道の清掃は、他の人に任せておいて、自分は、きれいになった歩道を気持ちよく散歩しようという人が生まれてくるのである。

　これはある程度仕方がないという割り切りも必要である。他者を恨み、不満を持って暮らしても人生は面白くない。自分が楽しければ、他人はどうでもいいではないか。

実はフリーライダーは、あちこちにいる

①一般に言われるのは、公益活動のメンバーとそれに参加していないメンバーとの間に発生するフリーライダーである。歩道の清掃をする人としないで使う人がその例である。

②実は、公益活動のメンバー間でもフリーライダーは発生する。一生懸命に活動するメンバーと、適当にさぼりながら活動するメンバーの関係である。組織内フリーライダーである。

② 会社にだってフリーライダーがいるではないか

パレートの法則

公益団体でない営利会社のなかにも、フリーライダーの問題が発生している。働いている社員と働かない社員である。これはパレートの法則で、「全体の2割の人々の所得で社会全体の所得の8割を占める」というものである。2対8の法則と言われている。働いている人は2割で、残りの8割はほとんど働いていないという法則である（ただ私が勤めていた横浜市ではむしろ逆で、8対2の法則といった感じだった）。

会社のフリーライダー

調べてみると、会社のほうがフリーライダー問題は深刻のようだ。フリーライダーの特徴として、仕事に対する責任感がない、新しい仕事はしない、批判ばかり言っている等があげられている。フリーライダー社員がいることで、企業の生産性に影響が出るなど、ある意味、地域活動のフリーライダーよりタチが悪い。

要するに、フリーライダーは特別のことではなく、社会の常ということである。このように考えるとさらに気が楽になるではないか。

2. フリーライダーの乗り越え方

1 「合理的」行動は人さまざま

そもそも「合理的」とは何んだろう

　オルソンによると、厄介なことは人任せにして、自分は受益だけをするのが「合理的」であるとされる。しかし、それでも実際にまちのために活動する人たちがいる。この人たちにとっては、これが「合理的行動」なのだろうから、合理的とは多義的な概念ということになる。

　辞書を見ると、合理的とは、「行為が無駄なく能率的に行われること」と「道理に適っていること」に大別される。英語で言えば、rational と reasonable があり、rational は経済的・効率的といった観点での合理性というニュアンスであるのに対して、reasonable は理性にかなったといった合理性という意味合いである。

人の理は多様・ウェーバーの分類から

　マックス・ウェーバーは、社会的行為を目的合理的行為、価値合理的行為、感情的行為、伝統的行為に分類している。

　目的合理的行為とは、ある目的を達成するために、最も理にかなった行為である。ここに目的とは、お金に限らず、名誉、地位、権力などがある。

　価値合理的行為は、ある特定の価値観に沿った行為である。最短距離や無駄がないというのは二の次で、自分なりの価値に理を見つけて行動するものである。

　感情的行為は、そのときどきの感情によって動かされている行為である。計画性とか無駄がないという要素とは反対で、その時の感覚、感情

に理を見つけるものである。

　伝統的行為は、昔から続いてきた習慣的に反応する行為である。これも計画性とは別の要素で、無意識に自然に身についた行動である。

　つまり、人は、計画性、最短距離、打算、無駄のない行動ばかりでなく、自分なりの価値やその時の感情、あるいは無意識的に行動するということである。自分なりの価値や感情、無意識的行動にも一定の「理」があって、人は行為するということなのだろう。

　以上のように理は多様なものであるから、この多様な理をまちのための活動につなげていけば町内会の活性化につながっていくということである。

　ウェーバーの分類に当てはめると

■「目的」は多様なので、それぞれ目的をまちのためという行動につなげていく
■まちのためという「価値」を大事にしていく
■まちのためという「感情」を育くんでいく
■まちのためという「伝統」を育てていく

　ということなのだろう。

② フリーライダーにめげない人たち

　フリーライダーは少し悔しいが、フリーライダーにめげない人たちがいる。そこには割り切り方のヒントがある。

「頑張ってるね」の声に励まされ

埼玉県戸田市喜沢１丁目町会長・町会連合会副会長　宮澤正さん

（松下）宮澤さんの喜沢１丁目町会について、教えてください。

（宮澤）喜沢１丁目町会は、戸田市の東端に位置し、川口市と蕨市に隣接しています。まちの整備は昭和30年代に区画整理事業で整備され（市内で２番目です）、市内では早い時期に生活環境が整備された町会です。

（松下）川口市と隣接することで、外国籍の人も多いですね。

（宮澤）市平均では、外国籍の方は5％ですが、当町会は25％という高い比率です。外国籍の人たちをまちづくりに巻き込む方法を思案中です。

（松下）宮澤さんが、町内会活動に参加したきっかけは何ですか。

（宮澤）小学校のPTA会長を受けた際に、町会に学校への支援をお願いしたことから、町会と親密になり、PTA会長の離任のあいさつに伺った際に、町会が君の依頼にこたえたのだから、君も町会の役員として協力してほしいと言われ、関わることになりました。

（松下）目をつけられていたのですね。

（宮澤）先ず体育部部長、そして副会長を長くやり、令和３年５月から町会長になりました。

（松下）コロナ禍、真っ最中ですね。

（宮澤）会長になっての３年間はコロナ禍で、多くの事業が中止となりました。町内会で特に力を入れているのが、市民体育祭、納涼盆踊り、餅つき大会などですが、防災訓練にも力を入れています。

　昨年は避難所運営を想定して、執行部役員対象の手話講習会と認知症

予防体操を行い、今年度は一般会員対象にやろうと思っています。また
コロナ渦で中止していた救命救急の講習会は、命のリレーを適切に行う
ために大事なので、再開したいと考えています

（**松下**）いろいろと精力的に活動なさっていますが、執行部役員や町会員
の士気向上、退会者歯止め対策さらには魅力的な事業の立案など、知恵
も出し、ご苦労も多いですが、町内会の仕事を続けられる要因というか、
張り合いは何でしょうか。

（**宮澤**）住み良い活気ある町会にしたいという熱い思いとともに、執行部
役員が頑張って支えてくれていること、高齢の先輩方が「頑張っている
ね」と声をかけてくれることが何よりも励みになりますね。

宮澤さんと喜沢1丁目町会・宮澤さん提供

町内会長って楽しい！

静岡県焼津市焼津第6自治会長　関宣之さん

（**松下**）関さんの焼津第6自治会について、紹介をお願いします。

（**関**）私の自治会は、JR焼津駅の北西に位置し、世帯数は約1,900、人口
は約4,300人の自治会です。大きな事業所や工場もない閑静な住宅地で
す。その中に13の町内会があります。

（松下）関さんは、静岡市市役所にお勤めでしたね。最後は静岡市葵区役所の区長さんだった聞いています。仕事柄、町内会活動はよくご存じですね。

（関）はい、町内会とは仕事の関係でよく付き合いがありました。例を申し上げれば、JR新駅（安倍川駅）の設置の際は、請願駅であるため地元の協力が不可欠でした。町内会との調整や開設イベントの協力等もお願いしました。また、葵区役所では、葵区自治会連合会の事務局もありました。

（松下）行政マンから見た町内会と現場の町内会との違いはありますか。

（関）行政マンの時は、予算折衝や関係部局との調整、そして地元の合意等が必要ですが、自治会では、「まずはやってみよう」とのスタンスで出来ることです。コロナ禍の中、コミュニケーションが希薄になっていることから、本年3月に第1回自治会文化祭を開催しました。まさに自治会が芸術村のようで、住民にも大変喜んでいただき大成功でした。

（松下）そうですか。住民活動は「会議室」で起きてるんじゃない「現場」で起きてるんだ！ですね（笑）。地域とは若いころから関わりがあったのですか。

（関）20代のころに焼津市に引っ越してきましたが、同級生もおらず、知り合いもおりませんでした。地域のバレーボールやソフトボールに参加し、仲間を増やしました。

（松下）すでに町内会に関わる素地のようなものがありますね。

（関）町内会歴は、40歳代に順番で総代（町内会長）を任されたのが最初です。当時の先輩が「関さんは仕事があるから、私がフォローするよ」と親切にしてくれました。その後、仕事が忙しくなりましたが、退職を機に本格的に町内会に関わるようになりました。

（松下）順番で総代になったときに、いやな思いをしてたら、町内会活動をやろうと思いませんでしたね。

（関） はい。そのとおりです。先輩が当時発したことを、私も現在そのように実践しています。私の原点ですね。

（松下） 自治会で特に力を入れているのはどんな事業ですか。

（関） 発生が予想される東南海地震に対する自主防災の強化ですね。大震災になれば、役所は手が回りませんので、住民の自主防災力が勝負になります。

（松下） 以前、私が「オルソンの話をして、会長職など人任せにするのが合理的だ」と話をしたら、怪訝な顔をしていましたね。

（関） だって、「自治会長って、楽しい」ですからね。友人や知り合いがたくさん増えるし、市の各種委員会に参加して、焼津市の将来について意見を述べることもできます。

（松下） 楽しいというのは大事ですね。楽しければ続けられるし、アイディアも出ます。そして、楽しさは歌舞歓楽や美衣美食だけなく、社会やまちの未来に関われるということも楽しさですね。ある意味、極上の楽しさかもしれません。

焼津第6自治会関さん提供

提案
4

「ちょっとしたプレッシャー」を かけてみよう

強制は使ってみたくなる誘惑的な手法である。でも私たち は一度、隣組で懲りているので禁断の手法である。ただし、 ちょっとしたプレッシャーならば許容範囲だろう。

1. 様子見の人が多い・他が協力的だと 協力に転じる人がいる

条件付き協力者・多くは様子見

　条件付き協力とは、他のプレイヤーが協力するときに、自らも協力す る人たちである。つまり様子見の人たちである。

　ある公共財ゲームの実験では、大半の人たちは、この条件付き協力者 で、残りの2割が自分勝手に利己的に行動する人、1割が他者のために利 他的に行動する人であった。言い換えると、地域活動に対して積極的・ 協力的な人は、わずかしかおらず、大半が様子見ということである。な んとなく納得できる。

　ただ、様子見ということは、全体に協力的な雰囲気になれば追随的に 参加するということである。攻めどころは、ここだろう。

ちょっとした強制・輪番制など

　全体に協力的な雰囲気をつくる方法として強制がある。公共財ゲーム でも処罰を導入すると協力関係は劇的に上昇することが知られている。た だ、地域活動では強制というやり方はなじまない。行ったとしても、コ ストばかりが高くつき、割が合わない。

　有効なのは準自発的に遵守させる方法である。ちょっとした強制とい う方法で、たとえば輪番制や抽選もそのひとつだろう。

2. ちょっとしたプレッシャーの仕組み

① そっと後押し・ナッジ理論

ナッジ理論

　ナッジ理論を使って町内会の活性化を図ることができないだろうか。

　ナッジ（nudge）とは、英語で「ひじで小突く」「そっと押して動かす」の意味である。ナッジ理論とは、行動経済学の理論の1つで、人々の選択肢を奪うことなく、情報発信や選択肢の提示の方法を工夫することで、人の行動を望ましい方向にそっと後押しする手法である。階段に「ここまで登ると○○カロリー消費」と書かれたステッカーが貼ってあるが、このステッカーが

ナッジ理論の例・旭川市役所

目に入れば、「階段で行こう」という気になる。

　提唱者の一人であるリチャード・セイラー教授がノーベル経済学賞を受賞したことによって注目を集め、日本でも環境省や全国の地方自治体でも注目され、住民向けの健診や予防接種の受診促進、口座振替の促進、災害時の自主避難の促進など、多様な分野でナッジ理論が試行・導入されている。

ナッジ理論の町内会への応用

　人の行動心理に注目するナッジ理論を町内会の活性化（フリーライダー防止）に応用できないだろうか。

損失回避　人は利益を得るよりも損失を避けようとする。10万円の得をした喜びよりも10万円を損した悔しさの方が大きい。

　町内会がなかったことで、ヒヤリとした、こんなにひどい目にあったという「損」の事例を探して分かりやすく強調したらよい（町内会がないために迷惑施設が知らない間にできてしまった）。

現状維持　現状を改善できる選択肢があったとしても、現状維持を選択してしまう。無料お試し期間に惹かれて加入したが、解約が面倒なので、そのまま継続してしまう場合である。

　引越時に町内会に入るような仕組みをつくれば、現状維持効果があるだろう。

▶住所異動届時に町内会の加入案内を実施：長崎県佐世保市

　佐世保市では、町内会加入促進の取り組みを推進するため、転入・市内転居する市民を対象に、住民異動窓口受付での町内会の加入案内を実施している。窓口での加入案内を行っている事例は多いが、真剣か通り一遍かで効果が違ってくる。

▶宅建協会との協定で町内会の加入促進：兵庫県連合自治会

　高砂市連合自治会、宅建協会加古川支部、高砂市の三者で、自治会への加入促進に関する協定を締結した。この協定により、高砂市連合自治会はチラシなど加入啓発物の作成と宅建協会への提供等を行い、宅建協会は不動産の賃貸・売買等の契約者に高砂市連合自治会から提供される

加入啓発物の配布と自治会加入の働きかけ等を行う。

同調性効果　自分だけが社会規範に反し、他の人と違う行動をとることに抵抗を感じる。他の人がマスクをしているので、自分は必要ないと思っていてもマスクをする。

　ご近所さんはみな町内会に入っています的なキャンペーンがあるだろう。

② アレマ理論は応用できないか

　「ポイ捨て」の現場を見たとき、注意しようかなと思ったが、相手が怖そうな人だったので、見て見ぬふりをしてしまい、あとで暗い気持ちになったことはないだろうか。

▶アレマ隊：仙台市

　アレマ隊は、ポイ捨ての現場を見たら「アレマ！」と驚いてみせることで、ささやかに、時には堂々とポイ捨て行為を批判し、「ポイ捨て反対！」の意思表明を行うものである。

　これをフリーライダーに応用できないだろうか。フリーライダーに出

アレマ隊・仙台市役所

会ったら、さわやかに「〇〇〇」と呟くのである。〇〇〇は宿題としたい。

③ プレッシャーの仕組みとしての条例

町内会条例の意味

　東日本大震災以降、全国で町内会の条例がつくられている。あらためて絆やつながりの重要性が認識されたからである。

　町内会条例の性質は理念型基本条例である。理念条例は裁判規範にはならないので、その違反は裁判所に持ち込むことはできないが、行為規範として行政や議会、市民の行動の手本となる。理念を実現する政策的な措置が取られるように誘導する条例である。

町内会条例・6つのタイプ

　町内会に関連する条例は、その目的等から見て、大きく6つのタイプに分けることができる。

①公共の担い手としての位置づける条例

　町内会をまちづくりの主体として位置づけ、これを守り育てること（理念）を示す条例である。戸田市自治基本条例など。

②町内会への加入・参加促進を進める条例

　町内会の課題の第一が担い手・参加者の固定化、不足である。町内会への加入・参加促進に主眼を置いた条例がある。

▶加入促進条例の制定とその後の取り組み：東京都八王子市

　八王子市町会・自治会の活動活性化の推進に関する条例では、市民の役割として、次のように規定されている。努力義務だがプレッシャーにはなる。

（市民の役割）

第7条　市民は、地域の一員であることを認識し、相互に支え合い、安心していきいきと暮らすために、町会・自治会に加入するよう努めるものとする。

2　市民は、町会・自治会の活動に参加又は協力することにより、その活動活性化の推進に努めるものとする。

　条例制定後、八王子市は加入促進活動事業補助金制度を設けた（2020年）。補助対象は、次の通りである。

- 加入促進活動に使用するグッズの作成費・購入費、映像作成費
- イベント時の加入促進ブースの設置経費
- その他、加入促進活動に係る経費

　このように条例制定を契機に、加入促進の補助制度を開始、充実した例は多い。

③集合住宅に特化して、町内会への加入促進を進める条例

　集合住宅の住民が、町内会に入らないという課題がある。集合住宅の建築等の規制に関する条例のなかで、自治会等への加入に関して、事業者等への責任を課すものである。

▶集合住宅建築に当たっての事業者等の責務：東京都江戸川区・台東区

　江戸川区住宅等整備事業における基準等に関する条例では、事業者の協力規定がある。

（地域コミュニティの形成）

第36条　住宅を建築しようとする事業者は、地域コミュニティの形成の

促進を図るため、区と連携し、入居者に係る町会、自治会等への加入及び新設に関する協力を行うものとする。

　台東区集合住宅の建築及び管理に関する条例では、建築主等又は所有者に関する規定である。

（町会等への加入に関する協力）
第19条の２　建築主等又は所有者は、集合住宅の入居者の町会又は自治会への加入に関し、規則で定めるところにより、必要な協力を行うよう努めなければならない。

　これら規定を根拠に事業者等に働きかけを行う。

▶管理組合の責務：埼玉県川口市
　管理組合に対して加入促進の責務を定める条例もある。川口市マンション管理適正化推進条例では、次のように規定されている。

（地域とのコミュニティの形成）
第18条　管理組合及び居住者等は、当該マンションの所在する地域の住民との良好なコミュニティの形成に取り組むよう努めるものとする。
２　管理組合は、町会・自治会（川口市町会・自治会への加入及び参加の促進に関する条例（平成30年条例第76号）第２条第１号に規定する町会・自治会をいう。以下同じ）に加入していない当該マンションの入居者に対し、町会・自治会への加入の促進に努めるものとする。

　川口市も条例制定を契機に、地域コミュニティ活動活性化事業補助金など支援策を充実している。

④加入促進だけでなく全体的に活性化を図る条例

　町内会の課題には、活動の停滞・不活発化等もある。町内会の活性化を図る条例である。このタイプの条例が最も多い。

▶町内会活性化の条例制定とその後の取り組み：東京都立川市

　立川市自治会等を応援する条例は、町内会の役割について、次のように規定している。

（自治会等の役割）

第5条　自治会等は、地域コミュニティの活性化を推進するため、市民の自発的な自治会への加入及び自治会等の活動への主体的な参加及び交流を促進するとともに、自治会等の活動に関する情報を市民に積極的に提供するよう努めるものとする。

2　自治会等は、その運営について、透明性の向上を図り、市民にとって分かりやすい開かれた組織づくりに努めるものとする。

3　自治会等は、地域を担う人材の育成に努めるものとする。

4　自治会等は、その区域内において活動する団体との連携を深めるよう努めるものとする。

　立川市では、条例制定後、次のような改善、制度新設を行っている。

- 回覧物を月2回から1回に集約することで自治会長等の事務負担の軽減を図る
- 自治会児童参加地域事業補助金の導入：自治会に加入していない世帯の児童（小学生以下）も参加することのできる行事、事業を行うために必要な経費の一部補助
- 自治会活動に要する備品購入費の補助：自治会が実施するお祭り等の行事で使用する備品類の整備を行うための補助

⑤協議型住民自治組織の中核組織として、その役割や機能が期待される
　条例

　これまでの町内会の枠や範囲を越えて、より広域で地域の多業種・多
機能の組織・団体・人を糾合した協議型住民自治組織（小規模多機能自
治組織）をつくり、町内会をその中核的な組織として位置付ける条例で
ある。他の公共組織と有機的に連携することで、町内会の中核的役割、機
能を発揮させるものである。松阪市地域づくり組織条例など。詳細は提
案9で解説している。

⑥地域の支え合い活動の担い手として、町内会の活躍を後押しする条例

　支援を必要とする者が住み慣れた地域において、社会から孤立するこ
となく継続して安心して暮らすことのできるように、一定の団体に高齢
者、障がい者等の情報を提供することができるとするともに、提供され
た情報を取り扱う者の遵守すべき事項等を定めている条例である。この
情報を提供できる団体に、自治会が含まれる。足立区孤立ゼロプロジェ
クト推進に関する条例など。

▶孤立ゼロプロジェクト：東京都足立区

　地域における日常的な見守りや声かけ活動を通じて、支援を必要とす
る人を早期に発見し、必要なサービスにつなぎ、地域活動などへの社会
参加を促す一連の活動プロジェクトである。

　足立区では孤立ゼロプロジェクト推進に関する条例を制定し、住民名
簿・要支援者の援者名簿の提供を規定している。

第8条　区長は、見守り活動及び孤立ゼロプロジェクト推進活動を推進
するため、必要と認めるときは、次に掲げる者及び関係機関に対し、住
民名簿及び要支援者名簿を提供することができる。ただし、当該支援を

必要とする者が規則に定めるところにより不同意の申出を区にしたときはこの限りでない。

　足立区では、条例に基づき、①気づく（孤立ゼロプロジェクト高齢者実態調査）、②つなげる（地域包括支援センター）、③寄り添う（絆のあんしん協力員、絆のあんしん協力機関、わがまちの孤立ゼロプロジェクト）、④居場所づくりの観点から、本格的、重層的な事業展開を行っている。

「ちょっとした身軽さ」を試みてみよう

長い歴史のなかで、町内会の仕事は身動きが取れなくない
くらい積み重なってしまった。一度、断捨離をやってみた
らいいだろう。

1. ともかく忙しい

1 町内会の仕事はどれくらいあるのだろう

町内会の活動を負担に感じる人が増えている・市民の声

　町内会の仕事は忙しいとされる。ただでさえ、みな忙しいなか、町内
会のために平日の夜や週末、さらには休日もつぶれることになる。共働
き家庭ならば、休みの時間くらい家族と過ごしたい。職場で能率、効率
をたたきこまれている働き盛り世代にとっては、町内会の仕事は非能率
の極みだと感じることもあるだろう。あれやこれやで町内会から足が遠
のき、不本意ながらも退会するという人も出てきてしまう。

▶**町内会の仕事アンケート：広島市**

　町内会改革の出発点のひとつは、町内会に対する住民の評価である。そ
こから問題点と改善点が見えてくる。広島市は住民に対して、町内会に
関するアンケートを行っている（広島市町内会・自治会等実態調査報告
書調査3・町内会・自治会結成地域の住民を対象としたアンケート調査
2021年5月）。

　「町内会に加入して大変または不満だと思うこと」の設問では、「班長
の仕事が多かった」（20.6％）が最も多い。次いで「活動を通じた人間関

係が大変だった」（8.3％）、「募金も頼まれるなど、金銭面の負担が大きかった」（4.5％）の順となっている。他方、「特にない」が半分近く（45.7％）あるのは注目すべきだろう。

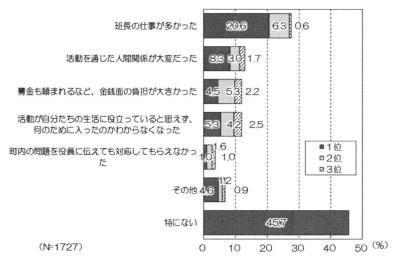

町内会に加入して大変または不満だと思うこと・町内会自治会等実態調査報告書（広島市）

　ちなみに住民向けのアンケート調査のひな型（テンプレート）をつくっている自治体もある

▶住民向けアンケートのテンプレート：鹿児島県鹿児島市
　「町内会についてのアンケート調査票」は、26問に及ぶ詳細な内容であるので、このテンプレートをベースに設問を取捨選択し、他のアンケートも参照して項目を調整すれば、最短距離で住民向けの町内会アンケート調査票をつくることができる。

町内会の仕事の棚卸から

　実際、町内会はどんな仕事をしているのか。最初から調査するのもいいが、先行例があるので、これをベースに加除訂正すればよい。

▶町内会事務の棚卸：駒形町会（東京都台東区）

　東京都の駒形町会が町内会業務の棚卸を行っている。次表の通りであるが、たしかにさまざまな仕事をしている。フルタイムの仕事を持ちながら、これらをやるのはやはりしんどい。

駒形町会の業務（東京都町会・自治会活動支援ポータルサイトから）

会長	①台東区浅草寿地区町会連合会（定例理事会）、②浅草神社奉賛会（総町理事会）、③田原小学校（各種行事・会合など）、④台東区・浅草観光連盟・浅草消防署・蔵前警察署等（各種行事・会合など）、⑤駒形町会の会合 提案・設定（執行部会、役員会）、⑥掲示・回覧（台東区役所寿出張所、浅草観光連盟、浅草神社奉賛会・浅草消防署・蔵前警察署等の連絡事項 掲示、回覧）、⑦その他・必要に応じ慶弔等に対応、⑧その他
防災	①浅草消防団消防操法披露会、②「消防あさくさ」全戸配布、③防災用食品袋詰め・配布、④東京防災セミナー、⑤秋の防災予防運動推進説明会、⑥防火防災視察研修（防火協会女性部）、⑦秋の火災予防運動チラシ配布、⑧秋の火災予防運動赤い垂れ幕吊、⑨防火診断、⑩駒形町会歳末特別警戒、⑪浅草防火協会新年会、⑫春の火災予防運動推進説明会、⑬救命講習会、⑭春の火災予防運動チラシ配布
防犯	①女性部研修会、②ひったくり被害防止キャンペーン、③特殊詐欺被害防止キャンペーン、④年末防犯活動すすめ方会議、⑤防犯・交通合同顔合わせ会、⑥防犯カメラ設置・点検
交通安全	①秋の交通安全運動、②秋の交通安全区民のつどい、③交通安全運動テントの設置、④交通安全運動テント当番、⑤交通安全運動テントの撤去、⑥蔵前交通安全協会・創立70周年記念式典、⑦防犯・交通新合同顔合わせ会

事業	①敬老祝賀会、②新年会、③町内清掃、④集団回収（毎月第1・第3水曜）、⑤町会行事お手伝い（餅つき大会・敬老会等）、⑥交通・防火・防犯活動、⑦町会清掃、⑧青年会定時総会、⑨隅田川花火大会警備、⑩駒形ソンクラーン（水かけ祭り）開催、⑪「奉祝まつり」奉祝神輿渡御、⑫南六ケ町青年連合会ボーリング大会、⑬餅つき大会、⑭歳末特別警戒、⑮駒形青年会新年会、⑯駒形町会新年会、⑰南六ケ町青年連合会新年会、⑱青年会旅行、⑲その他

② 行政の下請けも多い

行政との提携（下請け）事業に関する調査から

　町内会が行政の下請け業務をどのくらいやっているのかについて、全国市議会議長会が調査している。

▶都市における町内会等に関する調査：全国市議会議長会

　全国815市が対象で、回収市数730市、回収率89.6％の調査である（2020年度調査）。

　これを見ると、町内会は行政から依頼を受けて、数多くの仕事をこなしていることが分かる。逆に言うと、行政は町内会と連携しないと業務が回らないということだろう。

①行政各部署のチラシ、ポスター、物品等の非定期又は緊急の配布、回覧、掲示（87.2％）

②共同募金や災害救援募金、地区社協会費等の寄付金・募金集め（86.5％）

③道路、水路、街灯、カーブミラー、防護柵、ごみ集積所等の新設改修等の地区要望の取次ぎ（84.4％）

④審議会、協議会、環境保全委員、民生委員、社会教育委員、農業委員等の委員の推薦や選出（83.1％）

⑤河川、水路、公園、道路等の美化清掃、カラス等の被害防止や害虫駆除等の環境整備（81.2％）

⑥防犯灯、カーブミラー、集会所等の設置管理（79.2％）

⑦地区の防災訓練や防災マップの作成、災害弱者の救護体制の整備等の防災対策（76.4％）

⑧行政広報誌や議会だより、地域協議会だより等の定期広報物の配布、回覧、掲示（71.3％）

⑨地域の防災、防犯、その他の緊急連絡網や緊急告知（避難勧告等）のための情報伝達（66.9％）

⑩高齢者の介護・見守り・地区敬老会の実施等の高齢化対策（63.3％）

⑪家庭ごみの分別や資源物回収リサイクル（59.8％）

⑫地区防犯マップの作成や児童生徒の登下校時の防犯パトロール等の防犯活動（58.1％）

⑬子育て支援や子どもの健全育成、小中学校との連携（52.9％）

⑭地区内の住宅や公共施設の建設、公共工事、道路境界決定等の仲立ちや調整（46.3％）

⑮スポーツの振興や健康づくり（39.4％）

⑯災害救援物資等の緊急時の配布（32.8％）

⑰敬老会や成人式等の対象者の調査や祝金品等の配布（30.5％）

⑱里山の保全、鳥獣被害や限界集落の対策（20.1％）

⑲道路の維持修繕（16.6％）

⑳外国人住民とのコミュニケーションや融和、異文化交流（7.6％）

㉑地域ぐるみの地球温暖化対策への取組み（5.9％）

㉒行政の住民窓口業務（証明書交付、納税・各種保険料納付・共済加入促進等）の取次ぎ（3.7％）

㉓介護保険や生活保護等の申請促進の取次ぎ（2.4％）

㉔その他（9.3％）

㉕該当なし（0.4％）

取り残された町内会行政改革

　行政からの依頼事項を見ればわかるように、行政と地域団体とが連携・協力して施策を推進している。これを組織的にみれば、市町村の担当課の下に町内会がぶるさがっている関係になる。本来なら地方行政改革は、この町内会まで含めて、役割分担の見直し等を行うべきだったが、結局、都道府県→市町村までの役所内の行政改革にとどまってしまった。あらためて町内会行政改革を始める必要がある。

2. 軽減・見直しをやってみよう

1 仕事量の把握

仕事の把握・棚卸表

　活動の実態調査（洗い出し）は改善の第一歩である。町内会事務の棚卸表に、行っている活動、人数、時間、時期等を書き出して、負担の程度や重なりあいなどを確認しよう。それによって、実施体制の見直しや本当に必要な活動を明らかにすることができる。「町内会の見える化」の一環でもある。

▶棚卸表の活用例：新潟市

　新潟市小合地域コミュニティ協議会では、棚卸表を使って、地域コミュニティの事業、行事、会議等にかけている時間（年間5、000時間を超える）や年間総活動回数（約450回にのぼる）を明らかにして、次年度事業計画案を作成している。大変であるが、一度は意を決して、町内会事業の棚卸をやってみよう。

プロボノを使おう

　町内会事業の棚卸や事業仕分けは、町内会だけでは難しい場合も多い。これをプロボノ（69ページ）など外部の力でサポートする方法がある。

▶地域の課題解決プロボノプロジェクト：東京都

　このプロジェクトは、地域課題の解決にプロボノの仕組みを取り入れるもので、支援内容は個別支援と実践講座（伴走支援）に大別される。
　個別支援は、プロボノワーカー5人前後でチームをつくり、町内会業

務の棚卸や運営改善提案等を行うものである。実践講座（伴走支援）は、町会のホームページやFacebookページの立ち上げ等をプロボノワーカーが支援を行うものである。先の駒形町会の棚卸は、このプロボノの仕事である。詳細な記録が残されていて、業務分析の内容や手法は大いに参考になる。

② 町内会の事業仕分け

町内会版の事業仕分けをやってみよう

　事業仕分けは、一時ブームのように行われた。公共事業やサービスの必要性・有効性等を外部の視点から公開の場で議論し、廃止、民間実施、要改善、現行どおりなどの仕分けを行った。かつて行われた事業仕分けは、やり方の含め問題が多かったが、客観的な評価や見直しは必要である。

　評価のポイントは2つある。町内会が行っている活動の評価・見直しと町内会の組織に着目した評価・見直しである。

①活動評価

必要性：住民ニーズや社会経済情勢等を踏まえ必要な活動か、必要性は薄れていないか

有効性：活動等の効果は十分に発揮しているか。また活動の成果は住民ニーズの達成に貢献しているか

効率性：効率的な手法により活動等が実施されているか

費用対効果：掛けた経費に見合う成果が出ているか

②組織評価

総会、役員会、事務局の機能状況、部会体制、情報公開、意志決定の方法・公正性などの評価・見直し

改善のためのワークシートを使おう

　改善のためのワークシートがあれば、作業は無駄なく進む。たとえば計画した事業について、参加してもらいたい人が参加しているかでは、小中学生、高校生、大学生、子育て世代、壮年層、高齢者別に、現状の参加状況を確認し、それが参加してもらいたい層にマッチしているかを見れば、この事業の評価ができる。

　このくらいの簡単な分析でもいいと思う。客観的なデータに基づいて、改善をすることが大事である。

▶町内会事業の見直しワークシート：札幌市

　札幌市では、『町内会活動のヒント』のなかで、「町内会事業の見直し」に使うワークシートを紹介している。札幌市には何でも揃っている。

コロナ禍は事業仕分けの実践だった

　コロナで多くの活動がいったん中止されたが、そのなかで止めてよかったものと、中止になって残念という、大きな色分けができてきた。今まで続けてきたことを止めることはなかなか難しいが、コロナ禍は事業仕分けのよい機会になった。

　この機会に、止めるもの、続けるものの仕分けをやってみたらよいだろう。基準は簡単で、中止になってほっとしたか、残念だったかが基本である。

　また、活動のなかで、オンライン（ZOOMなど）でできるものと、やはり顔を合わせないとダメなものの区分けも生まれてきた。会議の打ち

合わせはオンラインで十分であるが、議論白熱の会議はリアルのほうに分がある。活動のオンライン、リアルの仕分けもやってみたらよいだろう。

③ 代替策・軽減策をつくろう

必要な組織活動体制とは

　町内会の役員構成は、会長・副会長・書記・会計の4役が普通である。しかし、本当にこの4役が必要なのか。当たり前であったことも見直してみよう。

▶役員体制を見直し・ノウハウ化してNPOを創設：みどりの第一区会（茨城県つくば市）

　つくば市みどりの第一区会では、役員のうち、副会長の職務内容を見直し・廃止した。また主な活動も見直し、あるいは廃止して、「本当に必要なもの」に限定している。そこで得られた知見をノウハウ化し、近隣の新興住宅地にて自治会の創設と運営を行うNPO法人化した。

廃止したもの…総会の開催（定期総会の臨時化）、区会連合会関連行事の参加、視察勉強会への参加、地域イベントへの参画（運動会）、市長、県会議員の懇親会、市議会、県議会議員との関係構築等

時代に応じて求められる町内会は変わる

つくば市みどりの第一区会　渡邉周一さん

（松下）渡邉さんのみどりの第一区会の取り組みは、とても興味深いので、少し詳しく聞かせてください。まず、渡邉さんご自身の自己紹介をお願

いします。

（**渡邉**）もともと、つくば市で育ち、学生時代は米国に留学して、現在は外資系IT企業に勤務しています。

（**松下**）現役の会社員ですね。失礼ですが、年齢はおいくつですか。

（**渡邉**）現在48歳となります。

（**松下**）つくば市は、若い人も多いまちですが、それでも若手の会長さんですね。お住まいのみどりの第一区会について、紹介をお願いします。

（**渡邉**）第一区会の創設は2016年、当初は16世帯からの活動でしたが、現在（2023年度）は170世帯となります。つくばエクスプレス沿線開発地域となっており、都心へのアクセスがよく、今も住民が増え続けています。

（**松下**）渡邉さんが町内会活動に関わるきっかけは何ですか。

（**渡邉**）もともとは町内会の創設は反対派でしたが、近隣の工業団地に迷惑施設ができると連絡が入り、反対したかったのですが、町内会がないと情報すら入ってこない状況で、新規開発地域だったため、近隣に町内会もなかったので、致し方なく立ち上げました。あとは教育施設の新規創設要望でした。

（**松下**）もともとは町内会不要派だったというのは面白いですね。みどりの第一区会の活動は、本書でも紹介していますが、これまでの町内会とは、だいぶ違います。たとえば副会長、会計、書記の体制などの見直しをしています。

（**渡邉**）立ち上げ当初は、既存の町内会の規約を参考に立ち上げましたが、実際、運営していくなかで、形骸化していきました。そこで、ゼロベースで考えてみました。

（**松下**）なるほど。具体的には。

（**渡邉**）かたちだけでなく、当事者意識を持って活動をしてほしいと考え、思い切って、やりたい人に業務をお願いすることにしました。すると当

然、権限・予算も必要となりますので、副会長職を会長職の代理ではな
く、防犯や災害対策のような活動に、副会長職のポジションを振り分け
たのです。

（松下）副会長を単にリストラしたというのではないのですね。

（渡邉）今は非常にうまく回っており、防犯活動も活性化しましたし、私
の負担も軽減されました。

（松下）町内会活動のようなまちづくり活動は、会社とは違って、さまざ
まな考えの人がいて、暮らしぶりも人それぞれです。そこをまとめるの
が難しいところですね。

（渡邉）一元的に統一することに疑問を感じました。たとえば回覧業務で
す。回覧板の必要性は人それぞれです。高齢者は紙ベースの回覧を望ん
でいます。他方、電子化のほうがいいという人もいます。これを一元的
に統一するのは無理があります。

（松下）このあたりは、役所の苦手な発想ですね。全員一律の護送船団方
式で、結局、一番遅い船に足並みを揃えます。どうしても不満が出ます
ね。

（渡邉）全員一律の護送船団方式はまさにそうでして、町内会の中でもあ
ります。「合理性よりもルール遵守」文化ですね。こういった発想を変え
ていくために、市役所とも何度も打ち合わせを重ね、実情・本質を見て
いただくよう働きかけました。当初は役所の中でも全く話を聞いていた
だけませんでしたが、担当者が代わり若手の方が窓口になってから、一
気に変わりました。そして、あくまでも試験的な形で、従来の紙ベース
の回覧と電子化の両方で行っていただくことになりました。

（松下）二度手間のように見えますが、そうではないんですね。

（渡邉）一見、2つの方式に見えますが、紙ベースでやっていた170世帯
の回覧が20世帯になりましたので、回している会長としても、かなり負
担が減りました。こういった発想の転換も我々に必要な発想だと感じま

した。

（**松下**）なるほど。たしかにそうですね。

（**渡邉**）町内会活動も、まちの発展に応じて、活動内容が変わっていきます。立ち上げ当初は転入者も多く、子どもがいる世帯が爆発的に増えましたが、教育施設が非常に遠く、住民から不満がでていました。町内会活動もそこに注力しました。

　ただ、今は住民も定着し、以前のようには世帯は増えていないので、現在は防犯活動等に力を入れています。

（**松下**）町内会は、住民の暮らしに寄り添う組織なので、活動内容も住民のニーズに応じて変えていくというのは、ある意味、当たり前のことですね。

（**渡邉**）時代に応じて求められる町内会のかたちがあり、当事者意識を持って活動していくことが重要だと考えています。

（**松下**）お忙しいところ、ありがとうございました。

緑化活動・みどりの第一区会

事務処理NPOをつくろう

　会計事務や総会資料等の作成を運営するNPOを立ち上げ、町内会事務の代行ができないかというのが私のアイディアである。会計を学んだ、あるいは仕事でやったという人も多いだろう。これら事務を代行することで、厄介な事務の軽減を図ることができるとともに、新たな雇用の場にもなる。

　町内会費の会計は不透明な部分があり、それが不信感につながり、町内会の加入者が増えない要因にもなっている。外部のNPOで処理することで、会計処理の統一化、標準化、透明化も図れる。この事務処理NPOの設立は、役所のほうで音頭を取ってもらうのが一番だろう。

▶NPOによる町内会事務の代行：みどりーむプロジェクト（つくば市）

　ライフスタイルの変化等で、期待される住民活動ができないこともある。このプロジェクトは、みどりの第一区会で得られた知見をベースに、企業（NPO）法人化し、近隣の新興住宅地における自治会の立ち上げの支援、創設と運営を行うものである。

　みどりーむプロジェクトが代行するのは、町内会創設のサポート、年次資料等の作成、市からの回覧配布、要望書作成・提出、ゴミ集積所利用に関するルール決め、必要情報回覧事業等である。現時点（2023年4月）で、6つの自治会の立ち上げと運営を行なっている。

ほかのNPOへの委託

　NPOに、チラシの配布や電話・ファックスの窓口、自治会館の鍵の管理などを担ってもらっている町内会がある。町内会にとっては事務負担の軽減になり、NPO（配食サービス、会食会がメイン事業）にとっても、町内会との親密な関係をつくれるよい機会になる。Win・Winの関係である。難しいのは両者のマッチグであるが、提案9の協議会型住民自

治組織において、この話題を出せば、やろうというNPOも出てくるのではないか。

4 行政も見直そう

町内会に対する依頼の見直しに向けたアンケート調査

　すでに見たように行政から町内会への依頼事項も多い。地域共生社会が喧伝されるなか、行政はますます地域頼みになっていく。今のうちに、きちんとしたルールをつくっておく必要がある。

　見直しの前には、まずは現状把握である。

▶町内会・地区連合町内会アンケート調査：横浜市

　横浜市は2020年度にこの調査を行っている。その結果を見ると、行政からの依頼事項に対し、61.1％が「負担だと感じるものがある」と回答している。特に割合が多かったのが「委嘱委員の推薦」「行政からの情報周知」である。

　2022年度は、このうち特に多かった「委嘱委員の推薦」「行政からの情報周知」について、さらに詳しく聞いている。

行政内部の調査

　行政からの依頼に対して、町内会のほうでは「負担に感じている」が、依頼する側の行政のほうは、そこに気づかず、問題意識がない場合も多い。行政内部において町内会にどのくらい依頼しているのか調査・確認し、改善への問題意識を持つことが必要である。

▶町会・自治会への区からの依頼業務調査：東京都品川区

　品川区では、区役所の全部課に対して調査票を配布し、区からの依頼業務の実態を把握した。

　21課から回答があり、依頼業務の数は合計69件であった。防災課と地域活動課が12件、環境課が7件である。福祉関係では、福祉計画課、子ども育成課は各6件、高齢者地域支援課3件で合計15件となる。品川区は「住民生活に身近な分野で依頼業務の数が多くなっている」と総括している。

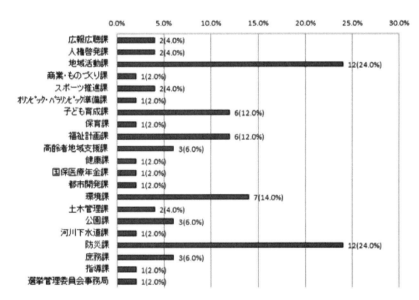

町会・自治会への区からの依頼業務調査・品川区役所

　業務の種類では、「お知らせ、広報、PR」（33件）、「事業、会議への委員等の派遣、推薦、出席要請」（29件）がやはり圧倒的に多い。そのほか、「区の建物、施設、物品等の管理」（5件）、「地域や住民についての調査や情報提供」（3件）である。

地域への依頼ガイドラインをつくろう

　町内会に対する協力依頼にあたって、関係部署の連携に努め、町内会の負担にならないよう配慮に努めることは大事である。しかし、配慮だけでは効果も乏しい場合も多い。明確な数値目標の設定（たとえば削減率50％など）、総量枠の設定など、具体的な基準も考えてみたらどうだろう。

　依頼ガイドラインをつくっている自治体もある（札幌市、土岐市など）。それを参考に改善例を示すのもいいと思う。

▶地域への依頼ガイドライン：札幌市

　札幌市の地域への依頼ガイドラインには、次のような改善提案がある。

依頼に対する地域の意見・負担感	負担軽減に向けた改善例
委員の委嘱	委員の統合・廃止 委員の推薦人数を減らす 推薦手続きの簡素化
町内会回覧	回覧以外の手段に変更 回覧する内容の精査 回覧期限の順守
会議の出席	会議の開催回数を減らす 会議の統合・合同開催 参加しやすい開催日、場所に変更
催し等への動員	動員の廃止
参加者取りまとめ	主催者自身による取りまとめ（コールセンターの活用など）
意見集約・合意形成	合意形成の対象・方法の明確化 広く地域の意見を集約するための手法の多様化
募金依頼	まちづくりセンターが関わる上で、地域に募金の任意性を説明できるよう情報を提供

「ちょっとした令和化」を図ってみよう

昭和のままの組織運営や活動を令和の時代にふさわしいものに変えてみよう。

1. 昭和のままの町内会

1 昭和の時代vs令和の時代

産業構造の違い・勤務地と住所が違う

　農業、林業、漁業などの第一次産業が中心だった時代では、地域を基盤とする町内会は、住民に身近な存在であった。

　戦後、日本の産業構造は、技術進歩と経済成長に伴う消費費目の変化によって大きく変化してきた。1950年代後半以降、高度経済成長を経て急速に工業化が進展し、第二次産業の割合が大きく上昇したが、1970年代後半以降は、第二次産業の割合は徐々に低下し、代わって第三次産業のウェイトが高まった。商業、運輸、情報通信、飲食や観光などのサービス業などに従事する人が増えると、住まいは横浜、勤務は東京という職住分離の暮らしが普通になった。

　これまで連綿と続けてきた町内会の組織や活動が、いよいよ時代に合わなくなってしまった。

家族の形態の違い・町内会活動の弱体化となる

　家族の形態の変化も町内会活動に大きな影響を与える。

　戦後は3世帯家族が40％近くを占めていたが今では5％を切っている。夫婦と子どもの世帯も近年は一貫して減少している。それに代わって、じ

わじわと上昇しているのが、夫婦のみ世帯と単身世帯である。世帯単位の町内会は、組織率は同じでも行動のパワーは弱体化していく。

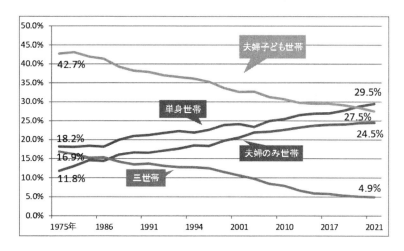

世帯構造の変化・筆者等作成

② 町内会活動と期待のミスマッチ

自助の補完機能という役割

　戦後につくられた日本の福祉制度は、三世代同居家族を前提に構築されている。その暮らしの様子や効用は、サザエさん一家を見るとよく分かる。

　三世代同居では、働き手も複数なので経済的にも安定している。家族のなかに経験者がいるので、妊娠、出産、育児に対する不安や負担も軽減される。介護が必要になったときの支え手も多くいる。

　ところが、高齢者の単身家族や夫婦二人世帯では、これまで自助でできることができなくなった。病院の付き添いやごみ出しなど、従来なら

自助の範囲内でできたものが人の手を借りないとできないというケースも増えている。三世代同居が多かった時代の発想でそのまま活動している町内会も多いが、それでは市民ニーズとずれてしまう。

▶現状とニーズのミスマッチ：愛知県犬山市

　犬山市では、町内会が十分な取組みができていないと思う活動について聞いている（第5次犬山市総合計画の策定に向け町内会意識調査報告書）。防災、高齢者福祉という高い市民ニーズがある活動が、逆にできていないという厳しい結果となっている。

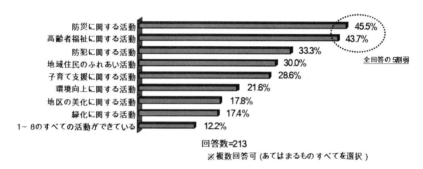

十分な取り組みができてないと思う活動・犬山市役所

おかしいと思っても前例踏襲

　昭和の時代から続けている事業等を見直し、令和の時代にふさわしいものに変えていく必要性はよく分かるが、会長職や役員が毎年、順送りとなっている町内会では、問題の先送りになりがちになる。

　こうした現状を無視して、あるべき改革を町内会への丸投げしても先に進まない。町内会の現状や力量を踏まえた現実的・実践的な改善案を示すことが必要である。

2. 令和の時代にアップデート・見直しの方向性

1 コミュニティ活動の中核

町内会はコミュニティ活動の中核的存在

　町内会の諸機能のうち、これまでの中心的機能だった行政補完機能や親睦機能は、若者や働き盛りの人たちにとっては魅力がない。他方、防災、地域福祉、子育て、環境保全といった住みやすく、安心・安全なまちをつくるための活動なら喜んで参加するという人も多い。

　そして、これら課題は、関係者・関係機関等による相互連携によらなければ対処できないものばかりである。たとえば防災は、町内会のほか消防、警察、自治体、学校、福祉関連団体、地元事業所等との連携が必要で、その要となるのが町内会である。地域福祉も同様である。

　町内会はコミュニティ活動の中核であるという自負と矜持をいつも忘れないでほしい。

つなげる役割・コーディネーターとしての町内会

　今後の町内会は、自分の仕事をするだけでなく、課題解決のためにさまざまな関係者をつなげる役割、コーディネーターとしての役割が期待される。たとえば防犯活動では、町内会のほか、老人会、PTA、商店街、商工会、小学校、NPO、警察、教育委員会等の多様な主体の総合力が必要であるが、これらを束ねて大きな力にする役割である。

　その力の源泉になるのが、町内会の持つ地域全体をカバーするという地域総合力、地元の顔役として多彩な人脈を有するというネットワーク力である。

② 適正な組織運営・活動

適正で分かりやすい運営

　令和の時代は、内容の適正とともに手続きの適正が求められる。公共機関に限らず、町内会のような準公共機能では、住民参加、情報公開、説明責任は標準装備である。住民の意見が十分に反映され、また運営が透明で分かりやすいものならば、住民も参加しようという気になる。

　意外と大事なのが、平等な取扱いである。分け隔てのない対応があれば、後からでも安心して加入できる。

▶相等しく対応する・新たな地域活性化のための条例：東京都渋谷区

　渋谷区の町内会条例では、「当該団体に加入しようとする者及び加入した者に対して、相等しく対応しなければならない」（第4条第2項）と明記している。法規で「相等しく対応」という表現は珍しいが、大事なことなので規定された。相等しい対応は意外と難しいので、心して取り組んでほしい。

会計を明確に

　町内会の会計処理については、疑念や不満が多い。会費の支払いに負担に感じる人も多いことから、きちんとした会計処理が必要である。会計ルールに従った適正な会計事務処理を図るため、簡単な会計ソフトを導入したらよいであろう。無料の会計ソフトも使えるが、自治体で簡単で使いやすい会計ソフトを開発、提供するとよい。

▶会計ソフトの提供：岡山県倉敷市

　倉敷市では、地域で活動する組織の会計処理について、簡単に使えるソフト（Excel）を作成して、ホームページに掲載している。事業を委託

したNPOがつくったとのことである。

③ デジタル化

デジタル化・インターネット対応

　情報通信機器の世帯保有率（2021年）は、モバイル端末全体で97.3%であり、スマートフォンは88.6%、パソコンは69.8%となっている。インターネット利用率（個人）は82.9%である。

　これだけの利用率があるので、上手く使えば、町内会の作業軽減や時間短縮に利用ができる。

■町内会発行文書のデータ化（wordなど）
■役員や会員間のコミュニケーション（メール・LINEなど）
■活動の情報発信（フェイスブック・ツイッターなど）
■総会などの会議のデジタル化（Zoom・メールなど）
■会費等の集金のデジタル化（振込・電子決済など）

▶HP作成支援システムこむねっとひろしま：広島市

　こむねっとひろしまは、町内会などの地域団体が自分たちの地域のホームページを簡単に作成できるシステムである。自分たちで住民ニーズにあった「わがまちのホームページ」をつくることができる。

デジタル化による住民側のメリット

住民側にもデジタル化のメリットがある。

■町内会の情報を都合のよいとき、よい場所で収集、伝達できる

■文書の回覧や配布等の労力を削減できる

■緊急時の連絡（訃報や急な事業中止）が容易にできる

■イベント・行事等への参加・不参加が簡単にでき、確認も楽になる

■賛否を取る際にも利用できる

■災害時対応や高齢者等の見守りなど安心を確保する際に利用できる

■外国語翻訳機能を使って外国人との交流や地域参加を進めることができる

コロナ禍とオンラインによる活動

コロナ禍で広がったのが、オンラインの活用である。多くの人が、オンラインなら気軽に参加できることを実感できた。高齢者も、ちょっとした後押しがあれば、使えることが分かった。連絡や会議・打合せにオンラインを使う町内会も増えた。

〈情報共有〉

■LINEで連絡網をつくっている

■LINEで情報共有することで紙による回覧を減らした

■町内会活動の情報等はホームページに載せ、会員からの問合せはメールで回答

〈会議〉

■LINEのビデオ通話を使って役員会をしている

■ZOOMを使って役員会をやっている

▶LINEによる役員会：並木7丁目自治会（横浜市）

並木7丁目自治会では、コロナの影響で役員会などの会合がまったく開催できない状態が続くなか、コミュニケーション手段を「集会所での会合」からLINEによる「対面不要な方法」に切り替えた。その便利なところはアフターコロナでも受け継がれている。

SNSの活用サポート

SNSは便利で、町内会活動でも活用できるが、操作方法、インターネット回線などの環境整備など分からないことも多い。操作方法等を解説するマニュアルの作成などとともに、町内会長や役員、会員を対象とするオンラインツールの講習会・研修会も、あちこちで開催されている。

▶オンラインツール講習会：南藤井寺地区連合自治会（大阪府藤井寺市）

LINEやZoomの使用を体験するセミナー等であるが、それをきっかけに、自治会長同士でオンライン会議を行うようになった。

▶町内会ICTボランティアの募集：愛知県豊川市

高校生や大学生等がボランティア登録し、町内会からの要請を受け、市職員と一緒に該当する町内会へ行き、LINEやZoomのやり方などを教える。

電子回覧板導入

スマホの普及やコロナ禍のなかで、従来の紙の回覧板に加え、回覧板の電子化を進める動きが出てきた。

▶町内会の電子回覧板導入の手引き：札幌市

この冊子は、回覧板の電子化を検討する際のポイントや考え方を実際

に電子化に取り組んだ町内会の事例も紹介しながらまとめている。

町内会の電子回覧版導入の手引き・札幌市役所

▶電子回覧板：けやき台自治会（兵庫県三田市）

　三田市のけやき台自治会は、LINEを使った電子回覧板を行っている。

　電子回覧板は月2回、ともだち登録した会員に送る。紙の回覧板と同じ内容で、市からの連絡事項のほか、自治会の関連団体の活動などを掲載している。町内会のホームページと連動させ、ごみ捨てに関するQ&Aや自治会の行事予定、防災情報などの項目を見ることができる。なお、LINEを利用していない世帯へは従来通り、紙の回覧板を回している。

4 暮らしの変化に対応した町内会

子育て世代、共働き世代に配慮した運営

　子育て中など、地域コミュニティに無関心ではいられない若い世代が参加しやすい町内会を考えることが大切である。子育て世代、共働き世代にとっては、自分の都合のよいときにいつでも、どこからでも参加でき、あとからゆっくり見直したりできる情報ツールならば、使いこなすことができる。回覧板での情報発信だけでなく、LINEやFacebookなど

を用いた情報発信を強化し、世代に合わせたツールを使い分ける工夫を
している町内会もあるだろう。

スポット参加の試み

　仕事や学校の関係で、地域にフルタイムで関わるのが難しいという人
もいる。ならば気軽にスポット的に地域活動に関わることでもよいので
はないか。町内会活動へのスポット参加は検討に値する。

　スポット参加は大別して、①時間軸、②役割・機能面からのアプロー
チがある。

　時間軸とは、たとえば地域の祭りのように企画から実施まで長い期間
がかかるような地域活動について、とても全部は参加できないけれども、

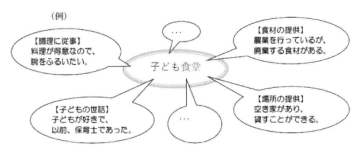

スポット参加のイメージ・相模原市南区区民会議資料

その一部（たとえば祭りの前日準備と当日）に参加する方法である。

役割・機能面からのスポット参加とは、自分の得意分野面での参加方式で、たとえば子ども食堂に興味があるが、日ごろは忙しくて現地には行かれないけれども、SNSが得意なので、合間の時間を見て情報発信・PRを担当するといった参加方式である。

いいかえると、気軽に「ちょボラ感覚」で地域の関わるもので、これによって少しでも地域との関わりをつくろうという試みである。

1年交代でもできる体制

役員は1年交代という町内会も多い。これは仕方がないことなので、1年交代でもできる体制を準備することである。役員の交代を円滑に行うため、引き継ぎマニュアルを作成している自治体もある。

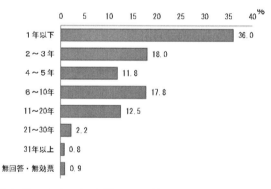

町内会長の在職年数・令和2年度横浜市自治会町内会・地区連合町内会アンケート調査

▶引継ぎテンプレート：福島県郡山市

郡山市の町内会活動ハンドブックには、引継書作成例のほか、加入チラシの作成例、収支予算書・決算書の例、会則・集会所使用規程の例、議事録作成例、個人情報取扱注意事項例が記載されている。ホームページ

から必要に応じてダウンロードできるようになっている。

⑤ さらに一歩を踏み出す町内会

学ぶ機会づくり

それぞれの町内会で、より暮らしやすいまちにするために、さまざまな活動を行っている。それを知れば、自分のまちの活動に活かすことができる。

▶SAPPOROマチトモ通信：札幌市

SAPPOROマチトモ通信は、町内会に実際に訪問し、活動のリアルを伝えるというコンセプトで作成されているるる。

SAPPOROマチトモ通信・
札幌市役所

専門人材との連携

町内会活動の主たる役割が、地域課題の解決機能に移ると、その道の専門家との連携が必要になる。

たとえば福祉は、もともと家族内で行ってきたという長い歴史があり、そのゆえ今日でも家族間介助の延長で見る向きもあるが、認知症や虐待

への対応、身体介護など、専門性や高い技術が求められることも多い。

　地域防災も同様で、消防団員や防災を担当した市町村職員（OB含む）等専門的な知見を有する人材が参加すれば充実した取り組みになる。

▶専門人材の派遣を条例で規定する：地域コミュニティ活性化推進条例（京都市）

　京都市地域コミュニティ活性化推進条例では、「市長は、地域自治を担う住民組織及び地域自治を担う住民組織を結成しようとする団体の求めに応じ、地域活動の企画及び運営、地域自治を担う住民組織の結成その他の取組のために必要があると認めるときは、これらの団体に対して助言を行う専門家を派遣するものとする」（第10条）と明記している。

収益活動も視野に入れる

　地域の自治組織として、さまざまな活動が要請されるなか、1世帯当たり月数百円程度の少額の会費では、組織としての活動は限定される。そこで、NPOという法人格に変える町内会が生まれている。NPOは、「非営利の企業」といわれるように、マネジメントができ、組織として行動性・機動性を持つが、そのNPOの特性を活かして、町内会等が抱える課題を克服しようとするものである。

▶特定非営利活動法人きらりよしじまネットワーク：山形県川西町

　特定非営利活動法人きらりよしじまネットワークは、山形県川西町吉島地区の全世帯が加入するNPOである。2007年9月に法人格を取得した。会計の一元化による無駄の排除とともに、高齢化率3割を超える住民の（特に経済的）自立を進めるために、受託事業などの収益活動ができるようにするためにNPO化した点が特徴的である。

　きらりよしじまネットワークの事務局には次代を担う若い世代を登用

し、30年先を見据えた地域づくりに向けて活動している。世代間交流やコミュニケーション力の向上に向けた野外活動体験型プログラムである青少年健全育成事業や、学校と連携したボランティア活動の受け皿となるボランティア養成事業を通じて、次世代の人材発掘や持続的な育成に取り組んでいる。

外国人も町内会に

　日本に住む外国人は多少の例外はあるが（東日本大震災やコロナの時は一時減少した）、毎年、ほぼ一貫して増え続けている。2022年6月末の在留外国人数は296万1,969人で、日本の総人口の3%近くを占めるまでになった。

　外国人は日本人に比べて若い年齢構成となっている。生産年齢（16－64歳）では、日本人が60%であるのに対して外国人は85%である。外国人では20代・30代が全体の半数以上を占めている。

　同じ地域に暮らす住民なのだから、大いに町内会にも参加してもらいたい。外国人が町内会に参加しないということは、大量のフリーライダーを地域の日本人が支えるということになる。ただでさえ余裕がないなか、もはや背負いきれないだろう。

▶町内会加入リーフレット外国語版：長野県上田市

　上田市では、町内会加入リーフレットと加入申込書の外国語版を作成している。中国語版、ポルトガル版、英語がある。外国人は集住化するので、町内会ごとに言語は選択することになる。

「ちょっとしたし安心・信頼」を つくろう

安心、信頼感がある活動なら不安なく参加できる。また町内会が安心、信頼のまちをつくるという役割もある。

1. 安心、信頼の町内会

① 居心地のよいこと

サードプレイスとしての居場所

　サードプレイスは、自宅（ファーストプレイス）や職場・学校（セカンドプレイス）に次ぐ、三番目の場所で居心地がよい居場所である。アメリカの社会学者であるレオ・オルデンバーグが提唱した考え方である。サードプレイスの条件を次の8つの要素にまとめている。

1. 個人が思いのまま出入りができ、もてなすことを要求されず、全員が心地良くくつろぐことができる中立地帯としてある
2. 会員等アクセスに制限がなく、あまねく人々が入ることができる
3. 会話が楽しく、活気で満ちている
4. アクセスがしやすく、中にいる人々が協調的である
5. 常に「新参者」を快く受け容れる「常連」がいて、いつも心地良い空気をつくる
6. 日常に溶け込む簡素な外観（デザイン）をしている
7. 明るく遊び場的な雰囲気を持っている
8. もうひとつの家、リビング、家族的な存在である

居心地のよい組織運営

　町内会が、元気で楽しい場になるには、サードプレイスを目指せばよい。サードプレイスの8要素はいずれも大切であるが、最も大事にしたいのは、「5. 常に「新参者」を快く受け容れる「常連」がいて、いつも心地良い空気をつくる」である。

　組織は常連で固まる傾向がある。それを見ると新参者は参加をためらいがちになる。その結果、組織は縮小再生産の負の連鎖に陥ってしまう。あらゆる「新参者」快く受け容れる姿勢を大事にしたい。それで常連の卵が生まれ続ける。

▶町内会＝居心地がよいところ：徳地地域下八坂下自治会（山口県山口市）

「町内会＝居心地がいいところ」「町内会活動＝楽しい活動」と銘打って、交流する場をつくっているのが、徳地地域下八坂下自治会である（山口市・21地域の地域づくりヒント集より）。居心地のよい町内会づくりのために、前向きな発想と実践は好感が持てる。ぜひ、がんばってほしい。

② 信頼の仕組みと実践

安全・安心の担保

　参加にあたっては、参加する団体や活動が、安全・安心であることが前提である。

　住民を受け入れる町内会についても、健康保持に関する配慮、事件・事故が起こらないような危機管理等を予防と発生時の両面から対策しておく必要がある。活動中に本人が怪我をしたり、他人に対して損害を与えてしまうこともあるので、ボランティア保険等の各種傷害・賠償責任

保険やイベント等の行事保険等への加入も必要である。

公共責任を自覚する

　政府の場合は、法的なルールの下に行動する。町内会は、政府ではないので、政府が遵守すべき法的ルールとは違うが、公共の担い手という点で、一定の公共ルールに準拠して行動する責務を負う。ついつい、いい事をしているのだからという動機が先行し勝ちでなので、とくに注意が必要である。

　町内会は、自らの責任で情報を広く公開し、また説明責任を果たしことで、誰もが安心して参加でき、社会的な信頼を得ることができる。

個人情報の管理

　2015年の個人情報保護法の改正によって、町内会も個人情報保護制度の対象となる事業者になった（改正前は、5,000人分以下の個人情報を取り扱う事業者は法の対象外とされていた）。個人情報保護法の対象となったということは、個人の情報を扱ってはならないという訳ではなく、個人の情報をきちんと保護したうえで、有効に活用するということである（個人情報保護制度はもともとは個人情報を適正に活用するためにつくられた制度である）。

　町内会は、日ごろの活動のために、会員情報を活用する必要があるし、災害対策基本法は、災害時に備え、避難行動要支援者をあらかじめ登録しておくこと（避難行動要支援者名簿）を定めている。

　個人情報の取扱いについてのルールや覚書等を策定し、総会や会報などで会員に説明、周知しておくことが安心の担保となる。

▶町内会向け個人情報取扱い手引：横浜市

　横浜市は、町内会向け個人情報取扱い手引を作成して、町内会が個人情報保護法に沿った適切な取扱いを行えるようにしている。次の事項が定められている。

■ 個人情報を管理する人
■ 個人情報を取り扱う人（個人情報を閲覧・利用できる人）
■ 個人情報の利用目的
■ 個人情報の管理方法
■ 個人情報の訂正や開示
■ 漏えいへの対応方法など

2. 町内会がつくる安心、信頼の場づくり

1 つながりとは

つながりは暮らしを充実させる社会資本である

　つながりには、家族や親せきのような固いつながりと、地域やまちづくりなど緩いつながりがある。ゆるいつながり、ソフトなつながりは、たくさんあった方が、地域や市民の暮らしを豊かにする。

　ソーシャル・キャピタル（44ページ）の考え方は、信頼、つながり、参加・交流といった目に見えないが、社会を豊かにする有用な資源を「社会的な資本」としてとらえたが、つながりも、暮らしを充実させる社会資本である。

つながりをつくる

　ゆるいつながりは、たくさんあった方がよい。人の価値や好みは多様だし、置かれた環境もさまざまだからである。まちづくりとは、自分がつながりたいと思ったときに、つながれる機会をたくさんつくることとも言える。

　つながりは孤立の反対だから、つながりをつくるには、社会的孤立を反転させるとよいだろう。

（1）行き来や会話の場や機会をつくる

（2）社会活動への参加の機会や場をつくる

（3）地域やNPO等とのつながりの機会をつくる

（4）他者への手助けをする機会や場をつくる

▶見守り活動「緊急時対応マニュアル」：新潟市

このような活動ができるのは、町内会しかないだろう。

（自宅の様子）

□ 郵便物、新聞がたまっている。

□ 電気がつけっぱなし、あるいは夜になっても消えたままである。

□ 洗濯物が干しっぱなしになっている。

□ 日中でも雨戸やカーテンが閉まりっぱなしになっている。

□ 異臭がする。

□ 家の中や周りにいろいろな物が置きっぱなしになっている。

（本人の様子）

□ 最近、電話や訪問に応答がない。

□ 最近、元気がない。様子がなんとなくおかしい。

□ 必要な福祉サービスを利用していないようだ。

□ 定期的な外出先がない。近隣との交流がないようだ。

つながりをつくる情報発信・広報

　住民の暮らしのなかで、町内会活動が意識されることはあまり多くない。町内会活動が知られていないことが、無関心や担い手の不足につながっていくことを考えると、ひとり一人にきちんと届く情報発信の工夫が必要である。

　次の点に配慮した情報提供を心がけよう。

■広く住民にとって分かりやすく、共感を得ることができる情報提供

■知りたい住民にターゲットを絞った情報提供

■市民がまちのために活動してみようと、そのきっかけになる情報提供

■まちのために活動している市民の励まし、後押しとなるような情報提
　供
■行政と市民あるいは市民間で、対話と交流のきっかけとなる情報提供
■市民が発信する公共情報の提供

▶つながるさがし：佐賀県佐賀市

　つながるさがしは、地域住民が発信者になる協働型の地域情報サイト
である。小学校区ごとにある、まちづくり協議会の取り組みを基点に、子
育て、安心安全など各部会での活動報告や、地域の行事予定、公民館の
情報など、生活に役立つ便利で楽しい情報を掲載している。

　つながるさがしの最大の特徴は、地域住民が発信者になり、サイトの
情報を更新する点である。子ども会、婦人会、消防団など、さまざまな
地域活動な情報が分野ごとに掲載されている。

つながるさがし・佐賀市役所

② つながりをつくる人

地域づくりコーディネーター

　つながりづくりをサポートするのが、地域づくりコーディネーター（まちづくりコーディネーター）である。地域づくりコーディネーターは、つながりの揺籃役、盛り上げ役、メンター、架け橋である。

　地域づくりコーディネーターは、次のような人たちを応援する。

これから活動をはじめたいという人…活動を始めたいが進め方がよく分からない、仲間を増やしたい、団体を立ち上げたいがどうしたらよいだろう。そのためのアイディアを提供し、後押しをする。

活動を活発化したい人…活動を始めたがマンネリ化している、団体を立ち上げたが組織運営がうまくいかない、同じ課題の解決を目指している人たちとタッグを組みたい。そのためのサポートをする。

会議・打合せを充実したものにしたい人…楽しく、闊達で、有意義な手法や技術を教える。

地域づくりコーディネーター要綱

　自治体の要綱等では、次のように規定されている。

▶地域づくりコーディネーター要綱：千葉県鎌ケ谷市

　地域づくりコーディネーターは、市民、自治会、市民公益活動団体、企業、市など、立場の異なる人達や組織の間のつなぎ役で、以下のスキル等をもった人を指している。

1. コミュニティ運営についての仕組みやノウハウを学んでいて、困っている人や団体にアドバイスができる人。
2. 鎌ケ谷市で活用できる情報・施設・行政資源についての知識が豊富で、周りの人や団体に共有できる人。
3. 人と人、団体と団体をつなげる対話やマッチングの力で「協働」やコラボレーションを生み出せる人。
4. 「つなぐ」ことにモチベーションを感じる人。

　ちなみに鎌ケ谷の表示は、公文書は鎌ケ谷を使い、駅名などでは鎌ヶ谷を使っている。ただ、市役所としては、無理に統一をしようなどとは考えていないようだ。

③ つながりをつくる機会と場所

人々のつながりに関する基礎調査から

　2022年内閣官房調査では、同居していない家族や友人たちと直接会って話すこと（社会的交流）が全くない人の割合は10.6％、月1回未満の人の割合が15.6％だった。

　PTA活動、ボランティア活動等の人と交流する活動への参加状況では、特に参加はしていない人の割合が53.2％で最も高い。

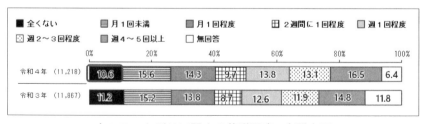

人々のつながりに関する基礎調査・内閣官房

ふれあい・いきいきサロン

　ふれあい・いきいきサロンは、「地域を拠点に住民である当事者とボランティアが協働で企画し、内容を決め、共に運営していく楽しい仲間づくりの活動」（全国社会福祉協議会）である。1994年から、全国社会福祉協議会が中心となり、高齢者がいきいきと暮らすための地域の活動の場として全国的に推進されている。全国で67,903箇所（2016年1月時点）がある。

　身近な公民館や集会所などで、楽しい時を過ごす、気軽な集いの場であること以外は、サロンのかたちはさまざまで、体操やレクリエーション、趣味活動などのほか、特別なプログラムをもたないで自由に時間を過ごすサロンもある。

　サロンの運営主体では、町内会・自治会（24.4％）が最も多い。次いで、ボランティアグループ（23.4％）、社会福祉協議会（22.5％）となっている（令和2年度ふれあい・いきいきサロン実態調査報告書・社会福祉法人茨城県社会福祉協議会）。

▶ふれあい・いきいきサロン支援事業：愛媛県松山市

　松山市では、通常のサロン（小規模・中規模・大規模サロン）のほか、緩和型サロンも実施している。

　相談支援や情報提供などをサロンコーディネーターが支援するほか、活動に係る経費に対し、財政的支援を行っている（緩和型サロンは（1）のみ）。

（1）サロン活動支援金―サロン活動に係る全部又は一部経費に対して支援

（2）講師謝礼支援金―サロンが講師に支払った謝礼金に対し支援

（3）会場使用料等助成金―サロン活動を行う会場使用料などの支払いに対し支援

縁側事業

縁側事業は、高齢者や子どもなど、誰もが気軽に立ち寄れる居場所づくり事業である。

名称もさまざまで、地域の縁側（藤沢市、川崎市）、地域の縁がわ（熊本県）、まちの縁側（日光市）、えんがわ（野田市）などがある。

さまざまな人たちのふれあい・交流の場である「縁側」をイメージした交流事業である。

▶ふらっとガーデン：辻堂団地自治会（神奈川県藤沢市）

藤沢市の地域の縁側事業には、①誰もが利用できる「基本型」、②高齢者や子育て世代、障がい者など同じ立場の方々が交流を深めることができる「特定型」、③生活支援コーディネーターが配置され、地域ささえあいセンターとしての機能も持つ「基幹型」の3つのタイプがある。現在35か所で開設されている。

ふらっとガーデンは高齢者が対象の特定型で、散歩がてらにふらっと立ち寄れる地域の縁側である。

一緒にやる仲間を見つける場

どんな活動にも言えるが、一人でまちづくり活動を続けるのはしんどい。しかし、一緒にやる仲間が見つかると、元気に活動ができるようになる。まちづくり活動に興味を持ち始めた人や何かを始めたいと思う人が集まり、一緒にやる仲間を探せる場所があるといい。

▶まちづくりカフェ事業：京都市

　京都市のまちづくりカフェ事業は、2008年から始まった京都市未来まちづくり100人委員会から派生して、2016年には京都市の14区・支所に、まちづくりカフェ事業が広がった。

　このまちづくりカフェ事業は、

■誰でも参加できる開放的なメンバーシップ
■議題を参加者が自分たちで決める
■ワークショップを採用し、フラットな対話の場とする
■議論を円滑にするファシリテーターの存在

　このカフェ事業の参加者のなかから、たくさんの事業が生まれている。たとえば中京マチビトCafeでは、まちづくりカフェの話し合いの中から生まれた取り組み・事業は、立ち上げた3年間だけで、約50もあるという（2022年3月6日・コミュニティ政策学会シンポジウム）。

中京マチビトCafe・京都市中京区役所

「ちょっとした人集め」のヒントを 学ぼう

担い手不足、参加者不足は、どこの町内会でも悩みの種である。人は簡単には集まらないが、めげずに、地道に声をかけていこう。

1. 担い手不足

1 加入率が漸減している

　町内会への加入者は減少している。日本都市センターの全国調査（地域コミュニティと行政の新しい関係づくり～全国812都市自治体へのアンケート調査結果と取組み事例から～）では、2000年と2013年と比較しても加入率の減少は明らかである。

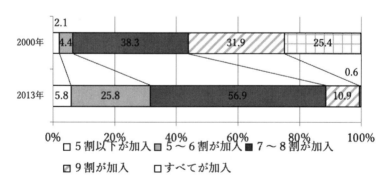

町内会加入率の変化・『地域コミュニティと行政の新しい関係づくり　～全国812都市自治体へのアンケート調査結果と取組事例から～』公益財団法人日本都市センターをもとに筆者が作成

② 担い手不足・参加者の減少

　役員のなり手や活動の参加者が少ない。それらが活動の停滞・不活発化につながっていく。

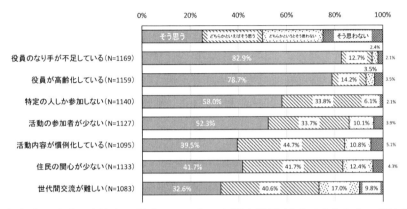

札幌市町内会・自治会に関するアンケート調査結果（令和2年）から一部抽出

③ 高齢化の進行

　役員の高齢化も顕著である。町内会長の年齢は、どこの自治体でも、ほとんどが60〜70代が中心である。

　福岡市のアンケート調査（自治協議会及び自治会・町内会アンケート・平成30年度）では、会長の年齢は、「65〜69歳」（27.7％）が最も多く、以下、「70〜74歳」（27.3％）、「75歳以上」（19.6％）と続いている。平均年齢は68.3歳である。

　会長の高齢化は、会長職は多忙であるために時間的余裕がある年代でないと引き受けにくいこと、定年制が延長されて就業年齢が上がっているため、ボランティア参入年数が上がっていることなどが理由である。

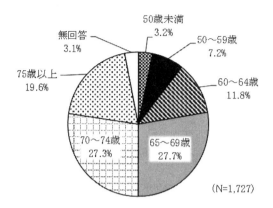

町内会長の年齢・福岡市自治協議会及び自治会・町内会アンケート

2. 担い手や参加者を増やす方法

①　参加しやすさの基本事項

　本書の提案は、参加しやすさの提案でもあるが、大事なポイントを整理しておこう。

①有用で意義のある活動であること

　これが基本である。

■市民ニーズ、地域ニーズに合致している

■自己有用感を感じられる等

②入りやすく出やすい

■参加者の多種多様性に応じていること

■面白かった続ければよいくらいの感じ

■重荷にしてはいけない

■ちょボラ感覚も大事。ちょボラは、「ちょっとしたボランティア」の略であるが、ちょボラは、ボランティアに関心がなかった人にボランティアを意識させる入り口の役割を果たす。町内会参加も同じように、できる範囲やれる範囲で参加すればよい。

▶ちょボラ感覚で・活動協力員制度：札幌市

　札幌市の共栄第三町内会は、活動協力員制度を設置し、ちょボラ感覚で町内会のサポーターを募った（札幌市『あらたしい町内会・実践編』より）。

　考え方は次の通りである。

■「仕事と家庭が第一」と割り切る

■将来、会長及び役員の担い手として活動してもらう

■若い人の意見を尊重する

■会議出席は代理でも可

夏のイベント（サマーフェスタ）では、企画から運営まで全てを活動協力員にお任せで、結果、サマーフェスタは大盛況だったという。

③何をするのかを具体的にイメージできる

■何をするのか、自分は何ができるのか

■いつから、いつまで。内容とともに、年間スケジュールを先に示しておくことも有効である。これによって、活動内容がイメージでき、「できるかもしれない」「やってみよう」という気持ちを引き起こすきっかけになる

④楽しい場所であること

■魅力的な活動であること

■打ち解けた雰囲気、居心地のよいこと

■自由に意見が言える場

■任し任される関係にあること

■安心して参加できること

▶円形の会議：相模原市南区

普通、会議の机の配置はロの字である。しかし、相模原市南区の区民会議は、委員が25名もいるが、会議の机は円形である（やや角ができるが）。

何が違ってくるか。四角だと自分の列の人の顔が見えない。つまり相

手の反応が見えない。ところが、円形では顔が見える。お互いが見えると、話す内容が違って来る。批判めいた話は出なくなり、建設的な発言に変わる。みんなで話し合おうという気持ちが伝播し、和気藹々の会議に変わっていく。小さな工夫であるが、やってみるとよい。

円形の会議・相模原市南区区民会議

2 重層的・重畳的な募集方法

地道な声掛け、一本釣り

　一般的に行われる募集方法は、町内会掲示板へのポスターの掲示、広報誌やHPへの掲載、SNS（LINE、Twitter、Facebook）への投稿などであるが、人集めの王道は地道な声掛けである。集まりやサークルなど、さまざまなつながりを通して、地道に声をかけるのが基本である。要するに一本釣りである。

　地道な声かけをしても、多くの場合、相手側に引かれてしまい、参加してくれるのは十に一つもないかもしれない。でも、それでもよい。声をかけることで、思いは伝えることができたからである。まちづくり活動は、それくらいでよしとするくらいの気楽なスタンスでやるものである。

▶町内会への加入声かけ参考書〜町内会活動のヒント別冊〜：札幌市

　札幌市は加入声かけマニュアルもつくっている。町内会加入の声かけをしやすくなるよう、「呼びかけの手順や気を付けること」「想定される質問への回答例」「事例紹介」などを親切である。

①町内会のことを再評価しましょう
②町内会への加入を呼びかける前に
③相手に伝わる加入の声かけをしましょう
④これで安心！　町内会加入に関する想定問答集
⑤他の地区ではどうしていますか⁉　町内会加入促進の工夫

　さらに、町内会の加入声かけに役立つ資料として、町内会加入案内チラシ、町内会活動サポート隊募集チラシ、集合住宅管理会社への町内会加入のご案内文付きである。まったく何から何までである。

町内会への加入声かけ
参考書・札幌市役所

来たら逃がさないくらいの勢い・つながる人のデータベース

　人のつながりを整理・集めたものが、「つながる人のデータベース」である。

　新たな人集めには、膨大なエネルギーとコストがかかる。新たな人を探すのも大事だが、一度、参加した人に、また声をかけ、参加を促した

ほうが効率的・効果的である。つながる人のデータベースは、まちのことに目覚めた人をフォローする仕組みである。

　その場合、個人情報保護との問題を整理する必要がある。誤解をされているが、個人情報保護制度は、個人情報をうまく使うための制度でもあるので、知恵を絞れ、いい方法が見つかる。静岡県焼津市では、アンケート用紙を用意し、本人の意思を確認している。

▶連絡同意アンケート：静岡県焼津市

　焼津市まちづくり市民集会では、終了後に行うアンケートに連絡同意の項目をつけている。アンケートに回答した流れで、チェックをしてもらう。町内会でもこれを変形して使えばいいだろう。

市民協働課では、次の通知等を送付しています。
送付を希望される方は必要事項を記入し、項目にチェックをしてください。

□メールでの送付を希望　メールアドレス

□郵送での送付を希望　（〒　　　ー　　　　）
　　　住　所

　　　　□　　　次回のまちづくり市民集会の開催のご案内

　　　　□　　　市民協働関連の講座のご案内

本日は、ご参加ありがとうございました。

連絡同意アンケート・焼津市役所提供

▶アンケートで人材発掘：旭山町内会（札幌市中央区）

　札幌市の『あらたしい町内会・実践編』に、アンケートを通して役員の担い手候補（14名）、活動サポーター（29名）の集めた事例（旭山町内会）が、アンケートの見本とともに紹介されている。

SNSも徐々に使われてきた

　市民をまちづくりに誘うツールとして、SNSは有効性が低いというのが、これまでの「常識」であったが、最近では少し様子が違ってきた。さまざまな市民の集まりで、「フェイスブックを見て」、「ラインで紹介されたので」というのが散見されるようになった。SNSによる募集は、SNSの広がりに応じて、徐々に市民権を得てきたように思う。

無作為抽出という方法もある

　無作為抽出はドイツで開発された方式で、日本でも行われるようになってきた。住民票で無作為に抽出し、その市民に手紙を出し、参加を呼び掛ける方式である。手紙が来たことが、参加の後押しになる制度である。参加率は幅があるが、私の体験だと全体の1%から2%が参加する。この呼びかけで参加した人の多くは、これまでまちづくり等に参加したことがない人たちである。1000人に呼び掛けて10人は少ないように見えるが、初めての人を10人集めるのは簡単なことではない。

　意欲を秘めた市民の掘り起こしであるが、これを町内会の参加者集めに応用したらどうだろう。

自治体職員も参加しやすくなった

　自治体職員の兼業は、許可制であるが（地方公務員法第38条）、柔軟な多様な働き方への関心が高まるなか、自治体職員も地域社会のコーディネーター等として、公務以外でも活動することが期待されるようになった。そこで、法律の許可基準を明確にすることで、自治体職員の地域活動を積極的に促進している例が増えてきた。

▶自治体職員が地域活動に参加・地域貢献応援制度：神戸市

　市の職員が、職員として培った知識・経験等を活かして、市民の立場で地域における課題解決に積極的に取り組めるようにした制度である。報酬等を得て行う公益性が高い継続的な地域貢献活動や社会的課題の解決を目的に神戸市内外を問わず、地域の発展・活性化に寄与する活動に安心して従事できるようになった。NPOなどを経験して自治体職員になった人も多いので、期待できる制度だと思う。

① 若者参加の意義

若者が参加しないのは不自然・不合理

　若者政策は、子ども政策、男女共同参画政策、高齢者政策のはざまで注目されていない。しかし、世代の30％いる若者が、地域やまちづくりに参加しないのは不自然であるし、その若者の出番がないのは不合理でもある。今のところは、現在の担い手が何とか踏ん張っているが、若者の参加がなければ、次世代にバトンもタッチできない。その結果、地域の公共機能が維持できず、それが次に続く世代の揺籃機能を弱めるという悪循環に陥っていく。

　町内会への若者参加は、地方の農村部では、参加率は高いが若者そのものが少ない。都市部では、若者世代は多いが、これを町内会に巻き込むことが難しい。

よそ者、若者、ばか者

　まちの活性化の決め手は、「よそ者、若者、バカ者」と言われている。若者の魅力は「強力なエネルギーを持つ」からだとされる。しかし、私の体験は、若者は中高年を元気にさせるというものである。たしかに若い人がいるだけで賑やかで、それだけで周囲の人たちも活気づく。若者らしい発想に出会うと、若いつもりでいた自分が、知らず知らずに思考停止していたことに気がつく。若者との出会いは、学ぶ機会が少なくなっている大人たちが、自らを省みるよい機会になる。若者参加で問い直されているのは、実は大人のほうである（若者政策は大人政策でもある）。

　町内会をはじめ、さまざまなところで、若者の居場所と出番をつくる

必要がある。

▶市民、行政、議員・議会が一堂に会する：まちづくり市民集会（焼津市）

焼津市まちづくり市民集会は、市民、行政、議員・議会が一堂に会して、地域の課題やまちの未来について、情報を共有し、話し合い、聴き合う場である。焼津市自治基本条例第17条に根拠を持つ条例設置の市民集会である。2014年度以降、毎年、実施されていて、参加者は、一般市民、学生、町内会関係者、市長、市議会議員、市職員等である。10代から80代の多様な世代・立場の人たちで、170名を超える参加者がある。

市民まちづくり集会は、何かを決める会議ではない。市民、行政、議会・議員が対等に話し合い、聴き合う空間を用意するものである。話し合えば問題の半分は解決する。

焼津市まちづくり市民集会の様子・筆者撮影

若い人の思いやライフスタイルに合致すれば参加する

　若い世代は、こまどり姉妹を呼んでのお楽しみ行事には興味がないが、地域の子どもたち、子育て世代、高齢者が暮らしやすい福祉、環境、まちづくりのためなら活動したいという人たちも多い。自分たちのライフスタイルや興味、関心にうまくフィットすれば、町内会活動に参加したいという若い世代も多い。

▶あたらしい町内会へ～若い人を巻き込む町内会づくり読本：札幌市

　この読本は、20代～40代の若い世代に実際に地域活動を体験してもらった上で、若い世代に地域活動に参加してもらうための具体的なアイディアを掲載している。

　なお、「あたらしい町内会へ・実践編」もある。

若い人を巻き込む町内会づくり読本・札幌市役所

高校生に声をかけたらどうだろう

　大学は都市部を中心に偏在しているから、大学がないという市町村も多いが、高校ならほとんどの市にあるだろう。高校がないという町村でも、近隣自治体の高校に通っていることから、高校との縁がないわけではない。

　高校のほうも、新指導要領で「公共」が新必履修科目となって、高校生が国家・社会の形成に参画し、社会など公共的な空間に関わることが授業内容になってきた。

　双方にニーズがあるので、学校に声をかけて町内会の活動に参加してもらったらどうだろう。まずは町内会のイベントの企画づくりから始めたらよい。

　焼津市のまちづくり市民集会では、市内4つの高校から参加している。だから若者から高齢者まで、にぎやかな市民集会になる。

② 若者参加の実践

新城市若者議会

　全国で若者による若者会議がつくられている。愛知県新城市の若者議会は、若者たちに1,000万円の予算提案権を付与している若者会議である。予算ではなく予算提案権というのがミソである。公金（税金）を使うことから、若者の提案が一気に公共性を帯びてくる。

　これまでの提案を見ても、地域や高齢者に向けた事業が提案。実施されている。

■いきいき健康づくり事業
■地域でおしゃべり事業
■地域と関わる若者防災事業
■若者消防団員加入促進事業

　また、公金を使うことで、若者の活動も地域や社会との交流に向かう。

■若者たちが立ち上げた若者防災の会　地域の防災訓練などに呼ばれる
■若者が手掛けた観光マップ　観光マップのなかでもトップクラスの人気

■教育ブランディング事業　中学校でのワー
　クショップ

若者議会募集ポスター・
新城市役所

　この新城市の若者議会には、町内会で若者
参画を進めるヒントのひとつが隠されている
ように思う。

▶新城市の若者政策のテキスト
　新城市の若者議会については、『自治体若者政策・愛知県新城市の挑戦
―どのように若者を集め、その力を引き出したのか』（萌書房）に詳しく
書いた。読んでみてほしい。

地域の受け入れに当たって

　若者と地域の人たちが一緒に活動するということは、ある意味、「異文
化交流」と同じである。それゆえ、互いの違いを理解し、丁寧に伝え合
わなければ、うまくいかない。
　そこで、お互いに注意すること、配慮することを記述し、文書化して、
だれでも読めるようにしたらよい。

▶まちづくりのトリセツ：相模原市
『まちづくりのトリセツ』は、相模原市南区区民会議が中心となり、ま
ちづくりに参加した若者、地域の人たち、行政が、力を合わせて作った
若者の地域参画のルールブックである。

　若者が地域参画をするとき、地域が若者を受け入れるとき、これを読むようにしている。

まちづくりのトリセツ・相模原市南区

提案
9

「ちょっとした規模」を試みよう

地域課題が広がり、複雑化してくるなか、町内会の規模で
は、対応できないものも増えてきた。連携することで相乗
効果を発揮しよう。

1. 地域課題の広がりと深さ

1 地域で扱う課題の広がり

私的世界の事柄が公共課題に

　経済社会が成熟し、価値観が多様化してくると、従来、私的世界の問
題であった事柄が公共的な課題となってくる。その分かりやすい例が空
き家問題である。不動産は個人所有権の最たるものである。本来ならば
公共的関与が及ばないものであるが、実際には、空き家となって管理不
全に陥って、防災、防犯、環境、衛生などさまざまな問題を引き起こす
ようになった。私的自治の世界として放置しているわけにはいかなくな
り、行政の積極的な関与が必要になってきた。

　福祉も同様で、超高齢社会になって、高齢者二人世帯や高齢者単身世
帯が増え、従来なら家庭内で処理できていた病院の付き添いやごみ出し
などができなくなった。これも自助の世界であるとして放置しておくわ
けにはいかず、行政の後見的な関与が必要になってくる。

地域に活路を見出す行政

　公共的関与が必要な課題が増えてくるが、いずれも行政だけでは解決できない。

　分かりやすい例は介護福祉で、2025年は、65歳以上人口が3、600万人（全人口の30％）を超え、団塊の世代がみな75歳以上高齢者に到達する。介護費用も15.3兆円になると予想されている。

　そのなかで、現行の給付水準を維持すれば、介護費用が爆発的に増加し、市民の負担が急激に増大してしまう。逆に介護費用を一定程度に維持しようとすれば、今度は給付水準の大幅な削減が必要となる。いずれの選択肢も取れないなかで、「どうする介護保険」となっている。

　そこで、政府は地域に活路を見出すことになる。多くの人は、要介護状態等になっても、可能な限り、住み慣れた自宅で暮らしたいと思う。ならば地域（自宅）で暮らしつつ、それぞれのニーズに応じて、医療・介護等のさまざまなサービスが適切に提供できるように組み立てれば一番いい。それが2015年度に行った介護保険制度の大転換である。全国一律だった予防給付（訪問介護・通所介護）が市区町村が取り組む地域支援事業に移行された（介護予防・日常生活支援総合事業）。これが地域包括ケアシステムである。

② 町内会には荷が重すぎる

　地域共生社会の到来で、町内会にとっては、これまでの任意の活動と違う新たな活動が求められる。しかし行事をこなすだけの組織では、とても対応ができない。任期の短い町内会長や役員だけでは、継続的な活動ができない。

　さらに今日の福祉や介護は複雑かつ高度化になっている。高齢の親と

働いてない独身の50代の子が同居している世帯（いわゆる「8050」）、介護と育児が同時に直面する世帯（いわゆる「ダブルケア」）、障がいのある子の親が高齢化し介護を要する世帯など、さまざまな課題が複合しているケースもある。

　これら課題の対応には、町内会と介護事業所のほか、NPO、ボランティアなどとの連携が必要になる。

2. 大きな規模を考える

1 協議会型住民自治組織の可能性

協議会型住民自治組織

　協議会型住民自治組織とは、おおむね小学校区を活動範囲として地域内各種団体・ボランティア団体などを包括する組織の総称である。小規模多機能自治組織と呼ばれる場合も多い。

　この住民自治組織は2000年の地方分権以降、急速に増えてきた。これは平成の大合併で自治体の区域が広くなる一方、職員数の減少や財政難で、きめ細かなサービスができなくなってきたためというのが役所側の事情である。地域の側においても、町内会等の自治組織が、構成員（組織率）の減少、会員の高齢化によって、従来の個別の小さな地域組織では、手に余る課題が増えてきたためである。そこで、これら自治組織が集まって、地域の問題を協議していくというのが、協議型住民自治組織（小規模多機能自治組織）である。地縁、職縁、友縁、交縁など、さまざまな縁でつながる人、組織、団体が連携し、相乗効果を発揮しようというものである。

協議会型住民自治組織の特徴

　協議会型住民自治組織は次のような特徴を持つ。

■設置単位は小学校区が最も多い。中学校区、従来の町村区域などもある。町内会の活動範囲よりも広く設定される

■町内会を中心に、PTA、消防団、地区社会福祉協議会、学校、企業やNPO等、地域で活動する団体が、組織を構成する関係団体として位置

づけられる

■世帯単位ではなく個人単位で参加する仕組みである

■理事会による協議・意思決定機能と課題解決のための実行機能を持つ

■決定事項を具体化していくためには、事務局の存在が重要である。地域マネージャーの配置等が求められる

■組織の名称や目的、代表者の選出方法、会議や総会の方法が記載された規約を持っている

■透明性、民主性、参加性（公開性）を備えている

■個別補助金から一括交付金制度へ移行される。使い勝手がよくなり、地域での創意工夫の余地も広がる

■地域担当職員制度が導入され、住民と職員が一緒になってまちづくり、人づくりが行われる

協議会型住民自治組織	町内会
小学校区程度の広さ	１つの町内会の範囲
個人単位で参加	世帯主中心
課題解決型活動が多い	前例踏襲慣習的行事が多い
スケールメリット、総合力を発揮できる	地域に密着した活動では力を発揮する
事務局スタッフ体制がある	事務局スタッフが弱い

その中核となるのは町内会

　協議会型住民自治組織は、共同体意識の形成が可能な一定の地域（たとえば小学校区）を基準とする仕組みなので、地域共同体の主たる団体メンバーが参加して初めて、代表性・正統性を維持できる。

　町内会は地域の総合的住民自治組織であり、組織率も他の団体に比べて圧倒的に多い。活動地域における相当数の住民に支持されている組織である。

　したがって、町内会の代表者が、協議会型住民自治組織の運営に参画していることを前提とする制度運営が行われ、それを条例や規則で明示している例もある（名張市地域づくり組織条例、甲賀市自治振興会等規則など）。

2 主な事例

最も著名な例・雲南市小規模多機能自治

　協議会型住民自治組織（小規模多機能自治）で最も著名なのが、島根県雲南市である。2004年の町村合併を契機に、おおむね小学校区を範域とする地域自主組織が市内全域で結成された。市域が広くなり、行政のサービスが行き届かないなか、住民の共助によってまちづくりを進めていこうという試みである。著名な例では、住民自治組織が水道の検診業務を受託している。

　雲南市タイプの地域住民組織が、都市型の協議会型住民自治組織にどの程度適用できるかは、さらなる検討が必要であるが、大いに参考になる。ぜひ勉強してみてほしい。

　なお、雲南市等が中心となって、2015年には自治体会員を中心とする全国の横断的な推進組織として小規模多機能自治推進ネットワーク会議が結成された。これまでの経験を活かして、全国的な普及を目指す試みである。

町内会を協議型住民自治組織の中核組織に位置づける条例

　協議会型住民自治組織（小規模多機能自治）をつくり、町内会をその中核的な組織として位置付ける条例がある。他の公共組織と有機的に連携することで、町内会の中核的役割、機能を発揮させるものである。

▶地域コミュニティ活性化推進条例：長崎県佐世保市

　協議会型住民自治組織が、地域内分権の受け皿となる組織であり、一定の権能を持つ公的な組織であることを位置づけるために、認定という仕組みが採用される。

第10条　市民等は、住民主体の自治の実現に向けた取組を進めるため、市長の認定を受けて地区自治協議会を設置することができる。

　そして、認定を受けるにあたって、協議会メンバーに町内会が参加していることが条件とされる。

第12条　市長は、次の各号のいずれにも該当する団体を地区自治協議会として認定するものとする。
(2)　活動する区域の市民並びに町内会等及び地域において活動する団体等を会員とするものであること。

まちぢから協議会（茅ヶ崎市）

　茅ヶ崎市のまちぢから協議会は、町内会を中心に地域内の健康増進、青少年育成、福祉等のさまざまな分野を担当する各種団体や市民が参加した協議会である。その名の通り、「まち」の「ちから」＝「まちぢから」を発揮し、地域力の向上を目指す組織である。地域でのさまざまな活動について話し合い、それぞれが持っている情報を共有しながら、地域特性に合った課題解決の方法を検討し、必要に応じて市へ要望を行っている。

　まちぢから協議会の中心に町内会が位置する。地区自治会連合会の13地区のうち12地区で、まちぢから協議会が設立されている（令和3年5月現在）。

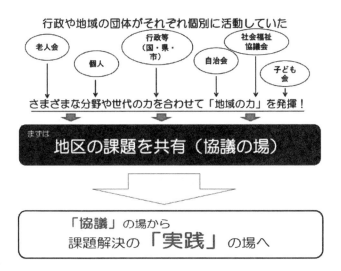

まちぢから協議会のねらい・茅ヶ崎市役所

「ちょっとした技術」を 体得しよう・話しあい、聴き合う技術

元気を出すには技術も大切である。話し合い、聴き合う技術を学ぼう。

1. ワークショップとは

小さく議論する機会をつくる（オルソンの指摘から）

フリーライダーに関するオルソンの答えの一つが、小さな組織にするである。たしかに、小さな町内会では、ただ乗りはやりにくい。町内会そのものを小さくするというのは、フリーライダー対策としてよいかもしれないが、小さくなれば対応できる課題も限定されるし、町内会員の負担も増加する。

ここでは、小さく議論する機会をつくろうというのが提案である。小さくなれば当事者性がより確保できる。

ワークショップとは

ワークショップは、最初は臨床心理学の世界で開発され、それが演劇界に広がり、さらには環境デザインに広がった。1990年代になると、まちづくりの分野でワークショップ手法が採用されるようになった。お互いの立場を認めた上で、自由に意見を出し合い、よりよい案づくりのために知恵を出し合う技術である。

▶ワークショップの研修・狭山市自治会連合会（埼玉県狭山市）

狭山市自治会連合会では、毎年、自治会長研修会を行っており、2018年度から、市内8地区において、ファシリテーターによるワールドカフ

ェ形式の研修会を開催している。2021年度は、「持続可能な自治会、役員の成り手不足について・より多くの人が自治会に参加するために」をテーマに行われた。

ワークショップがうまく機能する条件

ワークショップは、だれでも気軽に参加できる技術であるが、よりよいアイディアや案が生まれるようにするには、次の点に配慮すべきである。

■何を決定しようとしているのか目標を明確にすること
■各回における議論と到達目標を示し、タイムスケジュールも見える化する
■参加者が意見を言いやすいような運営、質の高い情報が提供される
■合意形成に配慮・工夫をする。互いの意見のよりよいところを集め、止揚するという気持ちが大事である

付箋を使おう

ワークショップといえば付箋である。付箋に意見を書いてもらい、KJ法を使ってグルーピングしていくという方法がよくみられる。

■話し出すと止まらない人、何度も同じような発言をする人、人を押しのけて話をする人がいるが、付箋を使うと発言の機会の平等化が図れる
■付箋は、記録に残るし、意見の整理に有効である。KJ法を使えば、意見やアイディアの共通性と違いを明らかにできる

付箋を使ったアイディア出し・焼津市役所提供

2. ファシリテーション

ファシリテーション

　ファシリテーションとは、ラテン語のfacere（成す、作用する）にile（〜しやすいという意味の接尾辞）を合わせたfacileが語源とされている。その語源のように、難しいことを容易にしながら、集団による学びと創造を促進し、関わる人や組織の力を引き出すことであり、それを行う人がファシリテーターである。

▶ファシリテーターの育成：静岡県牧之原市

　ファシリテートを専門家に依頼するのではなく、市民自身に担ってもらう試みが、牧之原市の「まちづくり協働ファシリテーター」である。

　牧之原市では、一般市民を対象にした市民ファシリテーター養成講座を開催し、研修を受けた市民ファシリテーターは、すぐに実践の現場であるサロンに出てスキルを高めるというやりかたをとっている。

ファシリテーションのポイント

　たくさんのファシリテーションをやってきた経験から、成功のポイントを示しておこう。

■スタートから到達点まで、全体の流れをイメージする

■時間スケジュールは、参加者と共有した方がいい（比較的詳細なスケジュール表を配布する）

■自由で発言しやすい雰囲気をつくるように心がける（服装や話し方が大事）

■適度な脱線はあってもよい。ただ、常に本筋に戻っていくことを忘れずに

■時間管理は最後をきちんと押さえ、途中は多少に前後があってもよい

　いろいろあるが、結局は場数を踏むことである。「まちづくりに失敗は
ない」ので、上手くやろうと考えないことである。

▶南区流ファシリテートスキル：相模原市南区
　ファシリテーションの技術をまとめたのが、『南区流ファシリテートス
キル』である。だれもが簡単に使えるようにと、冊子にし、インターネ
ットでも検索できる。相模原市の区民が中心となってつくっていった。
　全体（全14ページ）は、次の内容で構成されている。

■はじめに（ファシリテーターの役割等）
■ファシリテーターの立ち回り
■アイスブレイクについて
■グラフィカーの活躍
■会議参加者の心構え
■おわりに（ウェブ会議のポイント）

南区流ファシリテートスキル・相模原市南区

効果的な自己紹介

　小粋で楽しい自己紹介は難しい。数えきれないくらいの自己紹介をしたが、これが決まれば、後の話はうまくいく。失敗すると後を引く。考えすぎても、その場で考えても、うまくいったり、今ひとつだったりで、奥義を極めるのは難しい。どうすれば、みなに受け入れられたと感じる自己紹介ができるか。南区流のファシリテートスキルでは、次のような自己紹介を例示している。

▶南区流ファシリテートスキル：相模原市南区

■自己紹介を1人1分で行います。これは1分という時間を体で覚え、要点を端的に話すことを意識してもらうためです。

■自己紹介では、参加者自身に関して即答できるような話題を1つ設定しましょう。

　知り合い同士の会議でも、話題を1つ設定して話す機会をつくりましょう。

■受け入れ側も大事で、全員が参加者である、という雰囲気をつくっていきます。発言の後は、必ず拍手をしましょう。拍手には、場を盛り上げるための大きな力があります。

話し合いが止まってしまったとき

　話し合いが止まってしまったとき、気まずい沈黙の時が流れる。ここはファシリテーの腕の見せ所である。

▶南区流ファシリテーションスキル：相模原市南区

　そんなときは焦らず、「それまでの議論でいったん保留にしておいた意見や、角度が異なった意見にスポットを当ててみましょう」としている。たとえば、「ところで、Cさんの意見は、〇〇でしたよね」といった感じである。「さっき、途中になった〇〇という意見について、どう思いますか」といった感じである。

3. アイスブレイクの技術

アイスブレイクとは

　氷（アイス）を割る（ブレイク）ように、ワークショップのはじめに、参加者の気分をほぐし、気軽にコミュニケーションできる雰囲気にする活動である。

　そのためには、次の点に留意して、行うことが好ましい。

- ■誰でもできる内容
- ■多くの人に共通なテーマ
- ■笑顔が出てくるような内容
- ■いやな思いをさせたり、無理強いをするようなものでないこと
- ■自分や他者がわかるような内容
- ■アイスブレイクが目的のようにならないようにすること
- ■これからの話し合い、つくりあげようとするものに繋がっていくもの

おすすめアイスブレイク

　自分の得意なアイスブレイク（マイアイスブレイク）を体得しよう。場に応じられるように、いくつかのマイアイスブレイクを用意しよう。

▶南区流ファシリテートスキル：相模原市南区
次のようなものがおすすめとされている。

■GOOD&NEW
24時間以内に会った「よかったこと」か「新しい発見」について、1人ずつ、話をする。

→意識がポジティブな方向に切り替わる。

■**住んでいる地域に関するクイズ**

A町に最近オープンしたお店の名前はBであるか？

C町の人口は2000人か？

地域に関するアイスブレイクはちょっとした情報交換になる。

なお、私が得意とするアイスブレイクがあるが、それはどこかでお会いした時のお楽しみに。

おわりに

　日本の行政制度は、まず家庭や地域でカバーし、その不足分を政府が補完するという組み立てでできている。福祉を見てほしい。まずは家庭内福祉で対応し、そこで担えない部分を政府（社会保障）が担う。

　しかし、肝心の家庭や地域の機能は弱るばかりである。とりわけ地域の主要な担い手である町内会は、組織率は下がり、担い手は疲弊し、新たな担い手も見つからない。

　そこにコロナ禍が重なった。町内会活動のような地域活動は、「人が集まる」ことそのものが価値であるのに、みんなで集まってワイワイやる活動ができなくなった。東日本大震災で、あれだけ人と人のつながりの大事さが喧伝されたのに、人と会わず、いわば一人で生きていくことが求められるようになった。

　やや大げさと思うかもしれないが、町内会を中心とする地域の支える力が崩壊すると、日本の福祉やまちづくりのシステムそのものが瓦解してしまうことになる。それはこれまで続けてきた平穏な暮らしを守ることができないということでもある。

　本書は、こうした危機感から、二重苦、三重苦に陥っている町内会の再生を提案するものである。学問的にはコミュニティ政策論からのアプローチであるが、本書では、「誰でもが気軽に読め、元気が出るように書くこと」を心がけた。多くの人に理解され、共感されてこそ、町内会の再生はなるからである。分かりやすい表現とともに、多くの実践事例を取り上げた。

　本書の提案が、町内会の自信になり、楽しく元気に活動できるきっかけになれば、著者としてはうれしい限りである。がんばれ！ 町内会。

▶ 著者プロフィール

松下啓一（まつした・けいいち）
地方自治研究者・政策起業家、元相模女子大学教授
専門は現代自治体論（まちづくり、協働、政策法務）
横浜市職員を経て大阪国際大学教授、相模女子大学教授を歴任。26年間の横浜市職員時代には、総務・環境・都市計画・経済・水道などの各部局で調査・企画を担当。
著書に、『事例から学ぶ・市民協働の成功法則：小さな成功体験を重ねて学んだこと』（水曜社）『市民がつくるわがまちの誇り：シビック・プライド政策の理論と実際』（水曜社）『事例から学ぶ若者の地域参画成功の決め手』（第一法規）『自治するまちの作り方：愛知県新城市の「全国初の政策づくり」から学ぶもの』（イマジン出版）『定住外国人活躍政策の提案』（萌書房）など多数。

元気な町内会のつくり方　10の処方箋と80の実践事例

2023年10月2日　第1刷発行　　2024年4月1日　第2刷発行

著　　者 ——— 松下啓一
発　　行 ——— 日本橋出版
　　　　　　　〒103-0023　東京都中央区日本橋本町2-3-15
　　　　　　　https://nihonbashi-pub.co.jp/
　　　　　　　電話／03-6273-2638
発　　売 ——— 星雲社（共同出版社・流通責任出版社）
　　　　　　　〒112-0005　東京都文京区水道1-3-30
　　　　　　　電話／03-3868-3275